GU RATGEBER KINDER

PETRA KUNZE
CATHARINA SALAMANDER

Die schönsten Rituale für Kinder

- Vertrautes schenkt Geborgenheit und Halt
- Rituale für Alltag, Erziehung & Lebenswenden
- EXTRA: schöne Feste mit Kindern feiern

G|U

Inhalt

Ein Wort zuvor

Alle uns bekannten Kulturen verfügen über ein dichtes Geflecht unterschiedlicher Rituale. Und auch wenn die rituellen Abläufe in den einzelnen Gesellschaften oft sehr verschieden sind, ihre Funktionen sind erstaunlich ähnlich: Rituale begleiten den Menschen durch die Übergangsphasen des Lebens und helfen ihm ebenso, die Anforderungen des Alltags zu meistern.

In unserem Kulturkreis nehmen viele Menschen gar nicht mehr wahr, mit wie vielen Ritualen sie leben, halten Rituale für überholt und meinen, ohne sie auskommen zu können. Oft ändert sich das, wenn Kinder kommen: Denn die Kleinen bestehen auf lieb gewonnenen Gewohnheiten, sie bedrängen ihre Eltern, ihnen die Gutenachtgeschichte auch noch zum fünften Mal vorzulesen, und sie freuen sich schon lange vorher auf Feste wie Weihnachten, Geburtstag und Ostern, die natürlich genauso ablaufen müssen wie im letzten und vorletzten Jahr. Uns Erwachsenen wird es da manchmal schon zu viel: Sollen die scheinbar verstaubten Traditionen aus dem eigenen Elternhaus wieder auferstehen? Sollen wieder Gewohnheiten und feste Abläufe in unser Leben einkehren? Ist das wirklich nötig? Ja! Denn der Mensch ist ein Gewohnheitstier – und vor allem die Kleinsten sind geradezu auf verlässliche Regeln, Abläufe und Gewohnheiten angewiesen. Dieser Ratgeber hilft Ihnen, das natürliche Bedürfnis Ihrer Kinder und Ihrer Familie nach Strukturen im Alltag, nach Sicherheit zu erfüllen. Denn wenn Sie die Hintergründe dafür kennen und diesen Bedürfnissen nachkommen, werden Sie bald entdecken, wie viel Freude Sie alle an Ritualen haben – und vor allem: wie sehr Rituale Ihr eigenes Leben und das Zusammenleben mit Ihren Kindern bereichern.

Neben wichtigen Informationen über Rituale erfahren Sie in diesem Buch, welche Bedeutung Rituale gerade für Kinder haben. Sie lernen viele Rituale für wichtige Alltagssituationen kennen, die Ihr Familienleben harmonischer und angenehmer machen werden. Außerdem finden Sie für die besonders festlichen Tage, aber auch für die schwierigen Zeiten im Leben eines Kindes viele hilfreiche Informationen sowie altbewährte und neue Rituale.

Petra Kunze
Catharina Salamander

Rituale als Lebensbegleiter

Rituale begleiten uns durch das ganze Leben – auch wenn uns das in unserer »hoch zivilisierten« Kultur oft gar nicht mehr bewusst ist: Ob beim Aufstehen, bei der Arbeit oder beim Feiern – viele Handlungen sind ritualisiert, laufen automatisch, nach ungeschriebenen Regeln ab.
Vor allem unseren Alltag könnten wir ohne Rituale gar nicht bewältigen. Aber auch die »ganz besonderen« Tage wie Weihnachten oder Geburtstage werden erst durch Rituale zu wahren Festen.
Was Rituale eigentlich sind und worin ihre besondere Kraft liegt, lesen Sie auf den folgenden Seiten.

Rituale – so alt wie die Menschheit

Der Begriff »Ritual« war bei uns lange Zeit verpönt: Festgeschriebene, starre Regeln und Vorschriften schienen so gar nicht in eine moderne und aufgeklärte Zeit zu passen. Denn vor allem in den 60er und 70er Jahren wurden Rituale mit sinnentleerten Traditionen und überholten kirchlichen oder volkstümlichen Bräuchen gleichgesetzt – und verworfen. Dabei übersah man, dass Rituale viele wichtige Aufgaben erfüllen. Nicht ohne Grund haben sie die Menschen zu allen Zeiten und an allen Orten begleitet.

Gar nicht »verstaubt«: Rituale

Was sind eigentlich Rituale?

Viele verbinden auch heute noch zuerst überholte Traditionen oder langweilige Gewohnheiten mit dem Begriff »Ritual«. Andere denken bei diesem Wort an einen Stamm in Afrika, der halb nackt um ein Lagerfeuer tanzt und dabei seinen Göttern huldigt, wieder andere an eigenartige religiöse Riten oder schwarze Magie. Den wenigsten aber ist bewusst, dass Rituale in allen Kulturen existieren und jeden Menschen tagtäglich begleiten: von der Morgenwäsche bis zur Gute-Nacht-Geschichte, von der Begrüßung bis zu den guten Vorsätzen für das neue Jahr. Rituale sind also eine »ur-menschliche« Angelegenheit. Ob in Afrika oder in Europa, in der Steinzeit oder im dritten Jahrtausend – das menschliche Zusammenleben ist ohne eine Fülle von Ritualen gar nicht vorstellbar. Ein Beispiel: Bei uns ist der Straßenverkehr stark ritualisiert. Die einzelnen Verkehrsregeln und -zeichen sind alles andere als logisch und machen an sich gar

Das sind Rituale

- Rituale folgen einem festen Ablauf
- Sie unterliegen bestimmten Regeln oder/und einem gewissen Schema
- Gewisse Verhaltensweisen werden in bestimmten Situationen wiederholt
- Rituale werden geübt oder auch unbewusst vollzogen
- Die Abfolge eines Rituals ist (nach einer Anfangsphase) vertraut
- Ihr Sinn ist nicht logisch fassbar, sondern besteht darin, dass sie anerkannt und befolgt werden

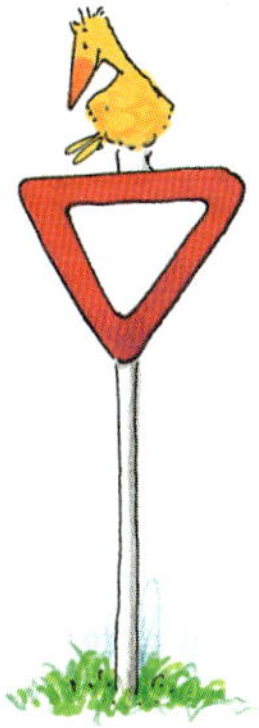

keinen Sinn. Werden sie aber von (fast) allen befolgt, kann man mit ihrer Hilfe auch die kompliziertesten Verkehrssituationen regeln – ja, diese Regeln und Vorschriften machen das – in diesem Falle – öffentliche Zusammenleben überhaupt erst möglich.

Mehr als nur Gewohnheit

Regeln, die für alle gelten

Rituale sind grundsätzlich eine konstante Abfolge von Handlungen, bei denen eine bestimmte Form gewahrt wird. Von wem der Ablauf und die Form eines Rituals festgelegt wird, ist zweitrangig:
Ob ich nun selbst bestimme, wie ich mich für die Nachtruhe fertig mache und Weihnachten feiere, oder ob ich bestehende Familientraditionen übernehme – am Ende entsteht dabei ein mehr oder weniger festes Ritual.
Zu bestimmten Anlässen – ob zu besonderen, wie dem Geburtstag, oder alltäglichen, wie dem Schlafengehen – finden Rituale regelmäßig und gleichförmig statt. So stärken sie die Identität eines Menschen, geben Sicherheit, strukturieren das Leben und den Tagesablauf und helfen beim Lernen genauso wie bei der Bewältigung von Krisen.
Manchmal ist ein Ritual vielleicht nur eine unreflektierte Gewohnheit, oft entsteht es aber auch bewusst und wohl überlegt. In jedem Fall schöpfen Rituale ihre Kraft aus der Wiederholung, ohne die unser Leben ein Chaos wäre – denn Gewohnheiten strukturieren und »managen« den Alltag.

Händeschütteln, ein ganz selbstverständliches Ritual

Stellen Sie sich nur einmal vor, Sie müssten jeden Tag aufs Neue überlegen, wie Sie ihre Abend-Toilette gestalten, wie Sie sich auskleiden, wie(rum) Sie sich ins Bett legen und wie Sie am besten einschlafen: Wie viel Zeit und Energie würde das kosten! Sie wären den ganzen Tag mit der Neu-Organisation Ihres Lebens beschäftigt. Alles würde jeden Tag von vorn anfangen, an ein Vorwärtskommen, eine Entwicklung und an effiziente Arbeit wäre dann nicht mehr zu denken!

Fixpunkte, die das Leben vereinfachen

Rituale prägen unsere Beziehungen

Nicht nur für den Einzelnen, auch für Gruppen, vor allem für eine Gesellschaft sind Rituale wichtige Bindeglieder. Das zeigen nicht nur so eindrucksvolle Handlungen wie ein Stammestanz in Afrika, sondern genauso gut auch ganz bekannte und unspektakuläre Gesten: Selbstverständliches, wie das Händeschütteln bei der Begrüßung oder sogar das Miteinander-Reden in einer gemeinsamen Sprache, sind letztlich nichts anderes als Rituale unserer eigenen Kultur.

Ebenso sind die christlichen Feste, die die westliche Gesellschaft so geprägt haben, Rituale. Gerade an ihnen kann man aber auch deutlich erkennen, dass Rituale auch verloren gehen können. Taufe, Kommunion, Konfirmation und Heirat sind zwar für die meisten von uns noch immer Fixpunkte im Leben. Ihren eigentlichen Sinn erfüllen sie aber immer weniger, nämlich den Übergang in eine neue Lebensphase zu gestalten, bewusst zu machen und zu erleichtern.

Neues und Altes gekonnt kombinieren

Gerade Kinder brauchen diese Sicherheit

Auch bei wichtigen Festen wie Ostern oder Weihnachten gerät die ursprüngliche Bedeutung immer mehr in Vergessenheit. Das nimmt den Ritualen Sinn und Wirkung, weckt aber auch die Sehnsucht nach neuen Ritualen: Nicht umsonst feiern gerade in unserer Zeit des ständigen Wandels Rituale ein Comeback.

Rituale im Kinderzimmer

Vor allem in der Zeit nach dem Zweiten Weltkrieg wurden Rituale bei uns immer mehr zurückgedrängt, denn mit ihnen wurden vor allem negative Traditionen verbunden: militärische und patriarchalische Strukturen, die freies Denken unterdrückten und Autorität verfestigen halfen. Die antiautoritäre Bewegung in der Erziehung der 60er und 70er Jahre setzte deshalb Rituale mit unreflektierten Traditionen gleich: Rituale gehörten an den Stammtisch, in den Schützenverein und in die Kirchen – nicht aber in

die Kinderzimmer. Dieser Befreiungsschlag bedeutete für viele Kinder aber auch, dass sie auf Regeln und Strukturen, die ihnen Halt und Geborgenheit vermittelten, verzichten mussten: Sie wurden »antiautoritär« erzogen, was oft zur Folge hatte, dass sie keine Grenzen kennen lernen konnten und ihnen grundlegende Umgangsformen fremd waren.
Ein anderer Aspekt ist, dass wir in unserer aufgeklärten Zeit alles nach seinem Sinn hinterfragen – und das ist auch gut so. Das Wissen um den Hintergrund alter Rituale ging aber häufig verloren oder es wurde christlich umgedeutet, weshalb viele den Sinn von Ritualen nicht erkennen können oder diese nicht annehmen wollen, weil inzwischen die meisten dieser Bräuche scheinbar christlich geprägt sind.

Unbedingt nötig: zuverlässige Grenzen

So nachvollziehbar all diese Gründe sind: Die meisten Menschen sind heute doch davon überzeugt, dass auch hier die »goldene Mitte« gefragt ist. Viele Eltern wollen ihre Kinder weder autoritär noch antiautoritär erziehen. Doch wie lässt sich diese schwierige Aufgabe lösen: liebevoll Grenzen setzen, Werte und Regeln vermitteln – ohne zu strafen? Richtige Rituale können dabei wahre Wunder wirken!

Warum Rituale für Kinder besonders wichtig sind

Das Bemerkenswerteste an Ritualen ist vermutlich, dass sie so vielseitig sind – und vor allem Kinder in ihrer gesunden Entwicklung ganz beachtlich unterstützen können: Sie fördern die Selbstständigkeit und die Entwicklung, schulen das Denkvermögen und den Ordnungssinn, helfen Krisen zu bewältigen und sich an bestimmten Werten zu orientieren, sie vermitteln Vertrauen und Sicherheit.

Rituale machen Kinder stark

Darüber hinaus helfen Rituale einem Kind, sich seiner Identität bewusst zu werden. Sie strukturieren das Leben, machen sogar das Lernen leichter und können auch dazu beitragen, kindliche Ängste zu besiegen (siehe Kasten rechts). Fest steht in jedem Fall: Die vielen positiven Funktionen machen Rituale gerade in der Kindererziehung zu wertvollen Hilfsmitteln.

Das können Rituale

- Gedächtnis und Denkvermögen schulen
- Lernen und Konzentration erleichtern
- Selbstständigkeit fördern
- Regeln und Grenzen setzen
- Ordnung und Kontinuität schaffen
- Krisen bewältigen helfen
- Sicherheit und Orientierung vermitteln
- Geborgenheit schenken
- Halt und Vertrauen geben
- die Identität stärken
- Ängste reduzieren

Wie entstehen Rituale?

Bestimmt fragen Sie sich jetzt, wie Sie eigentlich Rituale finden oder mit Ihren Kindern erschaffen können, die all das leisten können, was Ihnen wichtig ist. Die Möglichkeiten sind vielfältig:

- **Sie können Traditionen übernehmen.** Schauen Sie sich innerhalb Ihrer eigenen Familie oder auch von anderen die »Klassiker« ab, die schon seit Generationen gute Dienste leisten.
- **Sie können sich neue Rituale ausdenken.** Dabei sollte am besten die ganze Familie mitmachen: Suchen Sie nach Ritualen, die Ihr Zusammenleben schöner und harmonischer machen.

Die Kleinsten kreieren Neues

- **Lassen Sie Ihre Kinder Rituale erfinden:** Kinder entwickeln häufig Rituale selbst, die Sie dann übernehmen können.
- **Oft sind Rituale einfach »Zufallsprodukte«.** Sie entstehen aus dem Bedürfnis heraus, eine schöne Situation immer wieder zu erleben.
- **Probieren Sie unterschiedliche Varianten eines Rituals** immer wieder aus – so lange, bis es klappt. Oft hilft eine kleine Veränderung im Ablauf, und ein »ungeliebtes« Ritual wird plötzlich doch akzeptiert.
- **Variieren Sie bestehende Rituale:** Verändern Sie sie auch mal, »bessern« Sie Rituale immer wieder nach, damit diese mit Ihren Kindern und Ihrer Familiensituation »mitwachsen«.

Vertrautes muss nicht »starr« sein

Familien wachsen zusammen

Rituale helfen nicht nur den Einzelnen – etwa Ihren Kindern –, sondern auch einer Gruppe wie der Familie. Sie tragen dazu bei, die innere Einheit, das »gewisse Etwas« zu finden, das eine Person oder auch eine Gruppe so einzigartig macht. Für Kinder ist es deshalb besonders wichtig, dass es in ihrer Familie Rituale gibt, aus denen sie Kraft und Sicherheit, aber auch ein wichtiges Stück eigener Identität schöpfen. Einer Familie wiederum, also allen Familienmitgliedern, helfen Rituale dabei, sich als unverkennbare und einzigartige Gemeinschaft zu definieren und als solche zusammenzuwachsen. Denn Rituale haben auch den Sinn, die Beziehungen zwischen Menschen zu festigen und vertraute Situationen zu schaffen. Deshalb entwickelt jede Familie im Laufe der Zeit ihre eigenen Rituale. Diese setzen sich meist zusammen aus den Familientraditionen, die Mutter und Vater selbst in ihrer Kindheit erfahren haben, und einer gehörigen Portion eigener Vorstellungen, wie bestimmte Feste oder wiederkehrende Ereignisse ablaufen sollen.

Als Familie einzigartig werden

Wenn Rituale einschränken

So sinnvoll und notwendig Rituale sind: Sie bergen auch Gefahren in sich. Es ist wichtig, diese zu kennen, um das große positive Potential wirklich nutzen zu können. So können Rituale starr und inhaltsleer werden und zu reinen Floskeln verkommen, wenn sie nicht mehr hinterfragt, sondern einfach nur noch aus Gewohnheit oder Bequemlichkeit vollzogen werden. Dann können sie selbstständiges Denken blockieren und die Sicherheit, die sie vermitteln sollen, kann gar nicht entstehen. Vor allem Kinder empfinden solche Rituale – etwa den Zwangsspaziergang am Sonntag – als Gängelei. Rituale können auch dazu verleiten, an Gewohntem festzuhalten und damit notwendige Entwicklungen zu verhindern, weil das Neue ungewiss ist und uns Angst macht. Manche Menschen leiden auch unter Zwangsritualen. Dann verspüren sie einen Putz- oder Waschzwang, oder sie müssen mehrmals in ihre Wohnung zurück, um zu überprüfen, ob sie auch wirklich den Herd ausgeschaltet haben. Vor allem wenn Schläge, Schimpfen, Drohen oder Bestrafen rituellen Charakter annehmen, kann das für Kinder schlimme Folgen haben. Solche »Strafrituale« sind zum Beipiel das »In-der-Ecke-stehen« oder das Drohen mit Liebesentzug, also Aussprüche wie: »Wenn du das oder das tust, habe ich dich nicht mehr lieb.« Rituale dürfen nie zur Machtausübung missbraucht werden. Es ist also besonders wichtig, dass Sie Sinn und Funktion von Ritualen immer wieder hinterfragen und überprüfen, ob sie noch den aktuellen Bedürfnissen entsprechen.

Regeln und Gewohnheiten immer wieder hinterfragen

Zwänge beeinträchtigen die Lebensqualität

Nur Rituale, die neuen Anforderungen immer wieder angepasst werden, die also flexibel sind und auch einer kritischen Prüfung standhalten, helfen uns im Alltag und machen unser Leben reicher und schöner – und nur sie sollten wir unseren Kindern weitervermitteln.

Kinder und Eltern – alle brauchen Rituale

Abgesehen davon, dass alle Menschen Rituale brauchen und anwenden, ist es für Sie als Eltern oder auch als Betreuer von Kindern besonders hilfreich, Rituale gezielt einzusetzen (siehe auch Seite 15). Nutzen Sie die vielen Vorteile dieser »Alleskönner«, um Ihren Kindern und sich selbst das gemeinsame Leben zu erleichtern und zu verschönern.

Regeln als »Erziehungshelfer«

Liebevolle Erziehungshelfer

Mit Hilfe von Ritualen wird es Ihnen leichter fallen, Regeln in Ihre Familie einzuführen, Grenzen zu setzen und Ihre Kinder durch Krisen zu begleiten. Verbunden mit einem verlässlichen Ritual wird das abendliche Zubettgehen weniger ein Kampf als vielmehr ein selbstverständlicher und schön gestalteter Abschluss eines gemeinsamen Tages (siehe Seite 40 ff.). Ihr Kind wird auch mehr Freude daran haben, statt der Windeln den Topf oder die Toilette zu benutzen, wenn Sie diesen Lernprozess mit einem geeigneten Ritual begleiten (siehe Seite 66 ff.). Oft sind Eltern ganz erstaunt, wie bereitwillig ihre Kinder Regeln und Grenzen akzeptieren, wenn Sie diese in Rituale kleiden.

Mit Ritualen den Tag strukturieren

Häufig ersparen Ihre Kinder Ihnen das Kopfzerbrechen, denn sie sind sehr erfinderisch, was neue Rituale betrifft. Reagieren Sie darauf, wenn Ihr Kind sich ein Ritual selbst erschafft, und nehmen Sie es nach Möglichkeit in Ihr Leben auf!

Regeln und Grenzen kann man ritualisieren

Rituale aushandeln und dann konsequent befolgen

Im Alltag einer Familie geht es vor allem darum, das gemeinsame Leben zu gestalten. Dafür gibt es eine ganze Reihe von Regeln, die das Zusammenleben erleichtern und es für alle angenehm machen sollen. Solche Regeln – und die dazugehörigen Grenzen – zu vermitteln, ist ein nie endender Prozess. Eltern können manchmal fast verzweifeln, wenn sie ihren Kindern Regeln und Grenzen beibringen möchten, die diese einfach nicht befolgen wollen. Das kann verschiedene Ursachen haben. Fest steht aber: Wenn Sie Regeln zu Ritualen werden lassen, werden sie leichter akzeptiert. Zahlreiche Anregungen dafür finden Sie in den folgenden Kapiteln. Damit solche ritualisierten Regeln funktionieren, sollten Sie jedoch einige Grundsätze beachten (siehe Kasten rechts).

Regeln in liebe Gewohnheiten kleiden

So werden Regeln zu Ritualen

• Was wollen Sie mit dem Ritual erreichen?
Bevor Sie ein Ritual in Ihre Familie einbringen, also etwas ritualisieren, sollten Sie sich folgende Fragen beantworten: Welches Ziel soll mit der Regel oder der Vereinbarung erreicht werden? Kann Ihr Kind das gewünschte Ritual überhaupt befolgen: Entspricht es seinem Alter, seinem Entwicklungsstand und seinen Fähigkeiten?

• Regeln begründen:
Wichtig ist außerdem, dass Sie Ihrem Kind erklären, wozu Sie eine bestimmte Regel aufstellen. Denn wenn es den Sinn versteht oder zumindest spürt, dass Sie Gründe dafür haben und nicht willkürlich etwas von ihm fordern, wird es neue Regeln bereitwilliger akzeptieren.

• Vorteile neuer Regeln aufzeigen:
Sie sollten auch die Vorteile und Notwendigkeiten bestimmter Regeln herausstellen, damit Ihr Kind sieht, dass es auch selbst von den Regeln profitiert.

• Vereinbartes konsequent einhalten:
Regeln haben nur dann Sinn, wenn sie auch konsequent eingehalten werden. Das bedeutet, sie sind so lange gültig und verbindlich für alle – auch für Sie selbst natürlich! –, bis sie durch neue ersetzt oder in gegenseitigem Einvernehmen aufgelöst werden. Dazu gehört auch, dass Sie, möglichst gemeinsam mit den Kindern, festlegen, welche Folgen ein Nichteinhalten hat.

Balance zwischen Regel und Ausnahme finden

• Regeln sind gültig – bis auf Ausnahmen:
Denken Sie auch an die berühmten Ausnahmen von der Regel: Zu einem besonderen Anlass oder aus einem bestimmten Grund dürfen Regeln gebrochen werden. Das sollten Sie dann aber ausdrücklich betonen.

• Gemeinsam Regeln aufstellen:
Es ist immer erfolgreicher, wenn Sie möglichst wenige, klare Regeln einführen, die auch wirklich durchführbar sind. Besonders wirksam sind Regeln, die Sie gemeinsam mit dem Kind vereinbart haben – vielleicht mit Hilfe eines Kompromisses. Wahrscheinlich wird sich Ihr Kind penibel daran halten – und auch bei Ihnen nichts durchgehen lassen!

• Immer wieder motivieren:
Loben Sie Ihr Kind vor allem am Anfang dafür, dass es sich an Regeln hält. Das motiviert es, sich auch weiter an Vereinbarungen zu halten.

• Keine Strafrituale:
Rituale dürfen nie Strafe sein, sie müssen sich immer am Positiven orientieren.

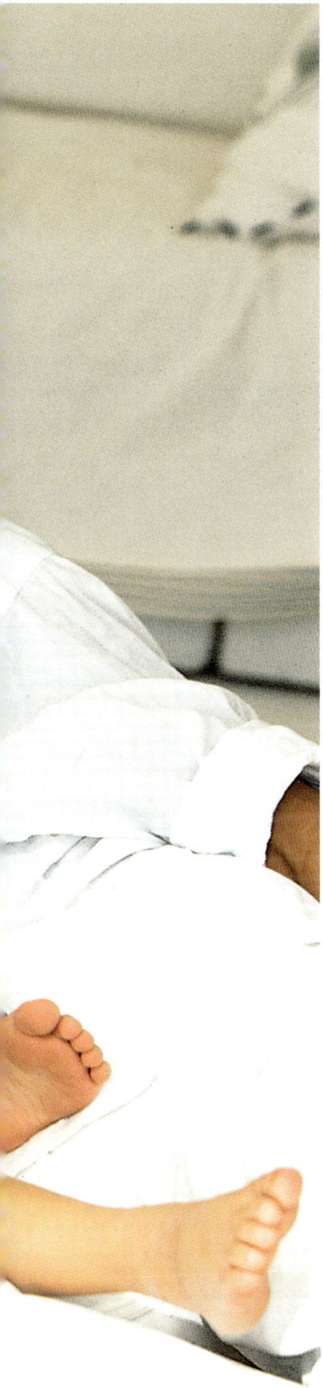

Alltag – ganz anders

Rituale sind wichtige Stützpunkte im Leben eines Kindes – besonders auch im Alltag. Durch die Wiederkehr von Vertrautem und durch verlässliche Regeln gewinnen Kinder Kraft, Zuversicht sowie Vertrauen in sich und andere. Rituale helfen Ihren Kindern, sich gesund zu entwickeln, und tun der Kinderseele gut.
Sie finden in diesem Kapitel zahlreiche Tipps für Rituale, die Ihre Kinder Tag für Tag begleiten können, in schönen, aber auch in schwierigen Zeiten, wie etwa nach der Geburt eines Geschwisterchens oder bei Krankheiten.

Was Rituale im Kinderalltag leisten

Rituale helfen, den Alltag zu organisieren – und sie fangen uns in Krisenzeiten auf, weil sie einen Rest an Geborgenheit und Sicherheit vermitteln, den wir gerade dann besonders nötig haben (siehe Seite 50 ff.).

Willkommen und Abschied – jeden Tag gleich

Auch wenn Sie es zunächst nicht glauben – auch Sie leben mit einer Vielzahl von Ritualen. Betrachten Sie nur einmal Ihren Tagesablauf: Wie viele Handlungen laufen Tag für Tag nach dem gleichen Schema ab?! Wie stehen Sie auf, wie frühstücken Sie, welchen Weg fahren Sie zur Arbeit, was tun Sie, wenn Sie nach Hause kommen? Vielleicht erschrecken Sie über das Gewohnheitstier in sich. Das brauchen Sie aber nicht, denn dahinter steckt ein natürliches Bedürfnis nach Strukturen im Alltag, nach lieb gewonnenen Traditionen und verlässlichen Regeln: das Bedürfnis nach Sicherheit. Das erklärt auch, warum Kinder ein solch großes Verlangen nach Regeln und Ritualen haben.

Kleine Alltagsfreuden: Guten-Morgen-Kuss und Gute-Nacht-Geschichte

Mit Ritualen durch den Tag

Es ist nicht immer leicht, den Tag klar, aber dennoch abwechslungsreich zu strukturieren. Bei dieser schwierigen Aufgabe helfen uns Rituale: Sie vermitteln uns und unseren Kindern Sicherheit und Verlässlichkeit, sie helfen, morgens aufzuwachen ohne Angst vor einem Tag, von dem völlig ungewiss ist, was er bringen wird. Die Vorfreude auf das bekannte Frühstücksritual, auf die verlässliche Spielstunde mit der Mutter am Nachmittag und auf die schöne Gute-Nacht-Geschichte machen es jedem Kind leichter, morgens zuversichtlich aufzustehen und abends nach einem erfüllten Tag zufrieden einzuschlafen.

Guten Morgen! – Start in einen neuen Tag

Wann haben Sie das letzte Mal verschlafen, sind hochgeschreckt, haben sich in aller Eile gewaschen, angezogen und sind im Sturmschritt aus dem Haus geeilt? Meist ist nach einem solchen Start auch mit dem Tag nicht mehr viel anzufangen.
Ein ruhiger und friedlicher Tagesbeginn dagegen motiviert für viele Stunden. Auch Kindern gibt ein Morgen ohne Hektik, begleitet von kleinen, vertrauten Ritualen, Kraft und Sicherheit für einen oft aufregenden, in jedem Fall aber lernintensiven Tag.

Den Tag begrüßen

Genau genommen ist der Morgen eine Übergangsphase: Die Nacht endet, ein neuer Tag beginnt. Gerade in solchen Phasen des Übergangs sind zuverlässige Rituale besonders wichtig (siehe auch Seite 60 ff.). Und im Kleinen trifft das auch für das Aufstehen zu: Morgens müssen wir Abschied nehmen von der Nacht und in den neuen Tag eintreten.

Ein neuer Tag beginnt

Viele Erwachsene ziehen sanfte Radiomusik am Morgen einem lauten Wecker vor. Das hat gute Gründe: Der Start in den Tag soll ruhig sein, die Musik oder die Radiostimme mischt sich allmählich in den letzten Traum, bevor wir endgültig aufwachen. Ganz ähnlich geht es auch Ihrem Kind: Es zieht eine sanfte Weckmethode bestimmt lautem Gerassel und hektischer Betriebsamkeit vor. Das Aufwachen und Aufstehen ist dann immer noch schwer genug – zumindest bei den Größeren! Denn Babys und Kleinkinder wachen meist ohnehin eher als ihre Eltern auf. Aber auch ihnen – und ihren müden Eltern – tut ein ruhiges Morgenritual gut.

Aufstehrituale für die Kleinsten

Vielleicht darf Ihr Kind noch etwas im Bett spielen oder die Morgenflasche im Arm der Mutter trinken.
Die meisten Babys und Kleinkinder finden es auch schön, wenn im Bett noch eine Spieluhr abläuft, die sie mit einer vertrauten Melodie langsam in den Tag gleiten lässt.

Mit einer schönen Melodie erwachen

Wachmacher für kleine und größere Kinder

Wenn Sie beide arbeiten oder Ihr Kind in den Kindergarten oder in die Schule geht, müssen Sie es wahrscheinlich oft wecken, obwohl es vielleicht noch gar nicht aufstehen möchte.

Das macht kleine Schläfer munter

▶ In diesem Fall sollten Sie Ihr Kind möglichst ruhig und liebevoll, am besten schmusend und mit ganz viel Körperkontakt wach machen.

▶ Viele Kinder mögen es auch, wenn sie in der Früh noch kurz zu den Eltern unter die Bettdecke krabbeln dürfen – oder wenn Mama oder Papa zum Wecken in das Bett des Kindes schlüpft und den kleinen Schläfer liebevoll mit Streicheleinheiten und Küsschen aufweckt – vielleicht auch mit einem Lied oder Gedicht:

Steh auf! Steh auf!

Steh auf! Steh auf!
Zum Wasserchen lauf!
Wasch dir behend
Füßchen und Händ!
Steh auf! Steh auf!
Zum Wasserchen lauf!

Steh auf! Steh auf!
Zum Spiegelein lauf!
Kämme dich fein!
Lache hinein!
Steh auf! Steh auf!
Zum Spiegelein lauf!

Steh auf! Steh auf!
Zum Tischelein lauf!
Ist schon gedeckt.
Hei, wie das schmeckt!
Steh auf! Steh auf!
Zum Tischelein lauf!

Kuschelstart in einen aufregenden Tag

Das Lach-dich-wach-Ritual

Weil es einfach nichts Schöneres gibt, als mit einem Lachen aufzuwachen, probieren Sie es doch mal mit einem kleinen Spaß am Morgen:

- Nehmen Sie eine Kasperlpuppe oder das Kuscheltier Ihres Kindes und lassen Sie den kleinen Stellvertreter das Wecken »übernehmen« und Ihr Kind sanft wach kitzeln.
- Oder Sie machen ein kleines Fingerspiel: Wandern Sie mit zwei Fingern am Arm Ihres Kindes nach oben bis zum Hals und sprechen Sie dabei den Vers:

Kommt eine Maus

Kommt eine Maus,
die baut ein Haus.
Kommt ein Mückchen,
baut ein Brückchen.
Kommt ein Floh,
der macht – so! (Kitzeln!)

Was verspricht der Tag?

- Wenn Ihr Kind dann immer noch nicht aufstehen will, erzählen Sie ihm, was es Besonderes erwartet an diesem Tag, was Leckeres auf dem Frühstückstisch steht oder welche hübschen Sachen es anziehen darf. Schulkindern können Sie vielleicht auch schon ein bisschen Verantwortung übertragen, indem es für das rechtzeitige Aufstehen selbst zuständig ist. Sagen Sie Ihrem Kind: »Nur dein Wecker klingelt morgens. Und du darfst allein aufstehen und mich wecken.« Zur Sicherheit können Sie ja Ihren Wecker etwas später stellen.

So gelingt der Start in den Tag

Wichtig ist für einen gelungenen Tagesbeginn – vor allem mit Kindern: Stehen Sie nicht erst in allerletzter Minute, sondern lieber etwas früher auf, damit Sie ohne Hektik in den Tag starten können! Und: Es geht – wie bei allen Ritualen für Kinder – nicht darum, besonders originelle oder zeitaufwendige Versionen zu finden. Viel wichtiger ist es, die ausgewählten Rituale regelmäßig, verlässlich und liebevoll einzusetzen – nur dann erfüllen sie ihre Aufgabe!

Schönes muss nicht ausgefallen sein

TIPP!

Fröhlicher Start mit Guten-Morgen-Ritualen

Ob zärtlicher Kuschelstart, liebevoller Humor, sanftes Kitzeln oder ein kleines Krabbel-Finger-Spiel – lassen Sie den Tag für Ihr Kind möglichst ausgeglichen und ohne Hektik beginnen.

So macht Körperpflege Spaß!

Sie können viel dafür tun, dass Ihr Kind ein positives Körperbewusstsein entwickelt und kein Hygienemuffel wird: Zeigen Sie ihm, dass Körperpflege Spaß machen und ein Genuss sein kann. Natürlich müssen Sie auch zu Zugeständnissen bereit sein: Kinder machen sich nun mal schnell schmutzig. Das ist aber kein Grund, streng oder strafend zu reagieren, sondern vielmehr mit der normalen Konsequenz: Es wird einfach gemeinsam wieder »sauber gemacht«. Und das kann mehr sein als eine lästige Pflicht. Mit etwas Phantasie wird das Waschen und Pflegen Ihnen und Ihrem Kind viel Freude bereiten. Dazu ist es aber wichtig, dass Sie es mit der Hygiene nicht übertreiben. Ein Kind muss nicht jeden Tag abgeseift oder gar gebadet werden – es sei denn, es hat sich im Schlamm gewälzt. Und auch dann genugt in der Regel eine kurze Dusche.

Sich pflegen – mehr als eine lästige Pflicht

Rituale müssen mitwachsen

Rituale sollen zuverlässige feste Bestandteile im Tageslauf sein – aber sie dürfen auf keinen Fall starr ablaufen, sondern müssen den Bedürfnissen und dem Alter Ihres Kindes immer wieder angepasst werden. So ist es sinnvoll und wichtig – und bestimmt auch erfolgreich –, wenn Ihr Kind, je größer es wird, seine Körperpflege immer eigenständiger übernehmen darf. Das fördert seine Selbstständigkeit und gibt ihm Selbstvertrauen. Im Vorschulalter darf es sich vielleicht schon an bestimmten Tagen selbst waschen und die Zahnpasta auf die Bürste drücken, kurz selbst putzen und den Mund allein ausspülen, nachdem Sie »nachgeputzt« haben. Im Schulalter kann es sich dann schon allein waschen und seine Zähne putzen.

Immer mehr selbst machen

Mehr als nur Sauberkeit

Waschen, Saubermachen und Pflegen kann für Ihr Kind ein sinnliches Erlebnis sein, bei dem es viel Nähe erfährt und die Zärt-

WICHTIG

Schmusen – nur wenn Ihr Kind mag

Zärtlichkeit, Schmusen, intensiver Körperkontakt – das alles ist lebenswichtig für Babys und Kinder. Auch Sie als Eltern spüren das Bedürfnis, Ihr Kind zu halten, ihm Liebe, Wärme und Geborgenheit zu geben. Wichtig ist aber immer, dass Sie versuchen, die Bedürfnisse Ihres Kindes zu erkennen und zu erwidern – und nicht Ihre eigenen in den Vordergrund stellen. Die Initiative zu intensivem Körperkontakt sollte immer vom Kind ausgehen! Es soll wissen: »Nur ich bestimme über meinen Körper!«

lichkeit der Eltern spürt. Schließlich haben schon Säuglinge ein riesiges Bedürfnis nach Berührung und Körperkontakt. Das wird zum Teil beim Wickeln und Baden gestillt. Aus demselben Grund ist Baden auch für größere Kinder oft ein Hochgenuss – und für die Eltern ebenfalls!

Gut gewaschen

- Das morgendliche Waschen verwandeln ein lustiger (Tier-) Waschlappen oder ein fröhliches Lied in ein spielerisches Ritual.

Kindgerechte Rituale finden

- Das Eincremen wird ein lustiges Spiel, wenn das Kind dabei zum weißgetupften Marienkäfer wird – und die Punkte vielleicht selbst verteilen darf.
- Auch das obligatorische Händewaschen vor dem Essen kann ein lustiges Ritual werden, wenn sich alle zusammen die Hände waschen und so einen »Händesalat« machen: Dazu stellen Sie sich alle ans Waschbecken und waschen Sie sich kunterbunt durcheinander alle Hände mit viel Wasser und Seife, zuerst langsam, dann immer schneller. Je früher Sie solche Rituale einführen, desto selbstverständlicher wird die Körperpflege für Ihr Kind und desto weniger wird sie in Frage gestellt. Sind Waschen und Zähneputzen Teil des Morgen- und Abendrituals, wird Ihr Kind ganz von selbst darauf achten, dass nichts vergessen wird.

Nasser Spaß: »Händesalat«

Das Baderitual

Vielleicht gönnen Sie sich ja regelmäßig ein richtiges »Badefest«. Wichtig ist dabei vor allem, dass Sie Zeit und Ruhe haben. Und da Baden entspannt und müde macht, sollte man es am besten abends tun. Ein ausgiebiges Familienbad eignet sich deshalb zum Beispiel gut als Abschluss des Familienwochenendes am Sonntagabend (siehe Seite 46 ff.). Gehen Sie vielleicht gemeinsam mit Ihrem Kind in die Wanne. Nehmen Sie sich Zeit und genießen Sie die Entspannung und den Körperkontakt. So vermitteln Sie Ihrem Kind, dass Sie seinen Körper schön finden und es so annehmen, wie es ist. Ein Schwamm zum gegenseitigen Abseifen, Gummitiere und eine Menge Schaum gehören außerdem dazu. Zum Schluss werden alle kräftig abgerubbelt und eingecremt. Sie können Ihr Kind auch noch sanft mit einem Babyöl massieren.

Lustige Waschlappen für mehr Badespaß

Lustige Waschspiele

- Schneiden Sie aus dünnen Schwämmen verschiedene Figuren aus, etwa einen Elefanten, einen Fisch, ein Mädchen, eine Blume, ein Schiff. Diese Schwämme eignen sich toll zum Spielen im Wasser – und man kann sich anschließend damit einseifen.
- Nehmen Sie Strohhalme mit ins Wasser und sprudeln Sie damit.
- Benennen Sie nacheinander weit auseinander liegende Körperteile, die Ihr Kind waschen soll: Nase, Knie, Ohren, Achseln ...

Tränenlos Haare waschen

Sogar das meist unbeliebte Haarewaschen verliert schnell seine Schrecken, wenn es in ein solches Ritual eingebunden wird.

- Ihr Kind darf den Schaum nach dem Waschen aus dem Haar nehmen und lustige Schaumbilder damit auf die Kacheln malen oder »Haarskulpturen« aus eingeschäumten Haaren kreieren und sich im Spiegel begutachten.

Haarwäsche ohne Schrecken – mit witzigen Schaumkreationen

Familien-Treffpunkt Frühstückstisch

Nacht und Tag Revue passieren lassen

Das Frühstück ist für viele Familien die erste »Zusammenkunft« des Tages. Beim gemeinsamen Essen kann man die vergangene Nacht besprechen und den bevorstehenden Tag planen. Alle Familienmitglieder können von ihren Träumen erzählen und davon, was sie an diesem Tag erwartet. So findet ein wichtiger Austausch statt, auch wenn die Familienmitglieder oft tagsüber getrennte Wege gehen.

Es sollte sich aber niemand genötigt fühlen, am Frühstückstisch zu erzählen: Nicht nur unter Erwachsenen gibt es Morgenmuffel – auch Kinder dürfen welche sein! Vielleicht reden sie dann lieber beim Abendessen.

Den meisten Kindern wird es jedoch gut tun, wenn sie von plagenden Träumen oder anstehenden Konflikten erzählen können. Das nimmt den seelischen Druck und erleichtert den Start in den Tag oft erheblich.

Vorfreude wecken

Steht dem Kind ein schwieriger Tag bevor, hilft es, auch auf etwas Schönes an diesem Tag hinzuweisen. Vielleicht darf sich zum Beispiel das Kind, das eine Schulprobe vor sich hat, das Mittagessen aussuchen. Oder Sie planen am Nachmittag etwas Gemeinsames, das ihm Spaß macht.

Für manche Kinder ist das Frühstück nahezu die einzige Gelegenheit, während der Woche Zeit mit dem Vater zu verbringen, weil er vielleicht abends erst spät nach Hause kommt.

TIPP!

Originell: mit »Hexenruf« zum Essen

Morgens früh um sechs kommt die kleine Hex,
morgens früh um sieben schält sie gelbe Rüben,
morgens früh um acht wird Kaffee gemacht,
morgens früh um neune geht sie in die Scheune,
morgens früh um zehne holt sie Holz und Späne,
feuert an um elfe, kocht dann bis um zwölfe.
Hummerbeine, Krebs und Fisch,
hurtig, Kinder, kommt zu Tisch!

WICHTIG

Ein froher Start für alle

Wenn Sie als Eltern optimistisch in den Tag gehen und auch schwierigere Herausforderungen mit Zuversicht angehen, leben Sie Ihrem Kind etwas Wichtiges vor. Das hat aber nur Sinn, wenn es ehrlich ist. Kinder haben sehr feine Antennen: Sie merken, wenn man ihnen etwas vormacht. Deshalb ist es auch in Ordnung, auf ein Frühstücksritual zu verzichten, wenn es für Sie eine Qual ist, dafür früher aufzustehen und so viel am Morgen zu machen. Denn für alle Rituale gilt: Sie müssen den Bedürfnissen von Kindern *und* Eltern gerecht werden!

Das Frühstücksritual

Ideal ist, wenn sich alle Familienmitglieder am Frühstückstisch treffen können. Und so wird das Frühstück zu einem schönen Ereignis im Tageslauf:

- Jeder darf aus seiner Lieblingstasse trinken und an seinem angestammten Platz sitzen.
- Erzählen Sie sich, wie Sie geschlafen, was Sie geträumt haben.
- Besprechen Sie, was jeden an diesem Tag erwartet: Reden Sie über bevorstehende schwierige Aufgaben, aber auch über erfreuliche Höhepunkte.

Miteinander reden, einander zuhören

- Stimmen Sie sich auf den Vormittag ein und verabreden Sie gemeinsame Zeiten für den Tag.
- Bereiten Sie eine leckere Brotzeit für Ihre Kinder vor. Größere werden das sicher gern selbst tun.
- Wenn Ihr Kind ein bisschen Aufmunterung braucht, verstecken Sie doch etwas Besonderes unter seinem Frühstücksteller. Das kann ein Zettel mit einer liebevollen Botschaft sein oder ein Glückspfennig für den bevorstehenden Tag.

Ich geb dir was mit

Den Abschied erleichtern

Hat Ihr Kind einen besonders anstrengenden Tag vor sich oder fällt ihm grundsätzlich die Trennung am Morgen sehr schwer, helfen Sie ihm doch mit diesem kleinen Ritual: Legen Sie auf den Frühstücksplatz Ihres Kindes eine Kleinigkeit von sich: ein Schmuckstück, ein Tuch oder etwas anderes. Das darf Ihr Kind bei sich tragen, solange es von Ihnen getrennt ist. Es kann so immer wieder »Kontakt« mit Ihnen aufnehmen und sich in schwierigen Momenten stärken. Vielleicht möchte Ihr Kind Ihnen auch ein besonders liebes Stück von sich mitgeben, etwa ein Schmusetier, damit es Sie den ganzen Tag an Ihr Kind erinnert.

Gemeinsamer Genuss: zusammen essen

Essen ist bekanntlich mehr als die Befriedigung eines Grundbedürfnisses: Es bedeutet im Idealfall auch Fürsorge, Zuwendung und Lustbefriedigung. Aber Essen kann im Negativen auch zur Ersatzbefriedigung für andere, ungestillte Bedürfnisse werden. Die Weichen dazu werden schon früh gestellt: Bekommt ein Baby die Brust oder die Flasche nicht nur zum Stillen seines Hungers, sondern auch um getröstet, abgelenkt oder ruhig gestellt zu werden, so wird daraus zwar ein Ritual, aber ein negatives: eine schlechte Angewohnheit, die sich später zu einer Essstörung entwickeln kann. Deshalb ist es gerade beim Essen wichtig, von Anfang an einige Grundregeln und liebevolle Rituale einzuführen.

Schöner essen

Bewusst genießen

Zelebrieren Sie Ihre Mahlzeiten sooft es geht. Planen Sie dazu viel Zeit ein. Das gemeinsame Essen dient auch der Erholung und dem Auftanken. Essenszeiten sollten echte Familienzeiten sein, Zeiten der Gemeinsamkeit, auch wenn dabei manchmal nur ein Teil der Familie am Tisch sitzt. Ihr Kind sollte früh lernen, dass jede Mahlzeit ein genussvolles, ruhiges Zusammenkommen mit Familienmitgliedern ist. Schon beim Stillen können Sie Ihr Baby diese Erfahrung machen lassen (Seite 64 f.). Und Sie können Ihrem Kind später zeigen, dass es selbstverständlich ist, dass das Essen nicht hastig hinuntergeschlungen wird.

Am schön gedeckten Tisch essen

Durch einen entsprechenden Rahmen können Sie die Bedeutung einer Mahlzeit unterstreichen: Ein hübsch gedeckter und dekorierter Tisch mit stimmungsvollem Kerzenlicht lässt manche Mahlzeit zu einem kleinen Fest werden. Gönnen Sie sich und Ihrer Familie diesen »Luxus« nicht nur, wenn Gäste da sind. Auch Sie selbst sollten sich das wert sein.
Wenn Sie einen großen Esstisch haben, können Sie ihn als Jahreszeitentisch dekorieren (siehe Jahreszeitenrituale Seite 82 bis 93).

Rituale bei Tisch

Das Auge isst mit

Ein liebevoll gedeckter Tisch bewahrt manchmal auch vor allzu rohen Tischmanieren – eine Garantie für bessere Tischsitten ist er aber natürlich nicht! Gute Tischsitten zu lernen ist für Kinder ein langer Prozess, vieles muss immer wieder neu ausgehandelt werden, und bisweilen fragen sich Eltern, ob sie nicht aufgeben sollen. Auch hier gilt: Je früher Sie anfangen, positive Tischrituale einzuführen, umso selbstverständlicher werden sie durchgeführt. Außerdem gibt es einige Regeln, die Kindern wirklich wichtig sind: etwa, dass sie auf ihrem angestammten Platz sitzen dürfen oder dass beim Essen eine angenehme und fröhliche Atmosphäre herrscht. Die können Sie zum Beispiel unterstützen, indem sich alle an den Händen fassen und einen lustigen Tischreim aufsagen, den auch die Kleinsten bald beherrschen:

Essen soll Spaß machen

Piep, piep, Mäuschen ...

Piep, piep, Mäuschen,
Bleib in deinem Häuschen,
friss mir nicht die Brotzeit weg,
iss lieber deinen Mäusespeck.
Piep, piep, piep – Guten Appetit!

Diesen oder ähnliche Tischsprüche lernen Kinder oft im Kindergarten oder in anderen Familien kennen. Sie können die Mahlzeiten natürlich auch mit einem Tischgebet beginnen, zum Beispiel mit dem folgenden:

Jedes Tierlein hat sein Essen.
Jedes Blümlein trinkt von dir.
Hast auch uns nicht vergessen.
Lieber Gott, wir danken dir!

Genießen ohne Machtkämpfe

Mit dem täglichen Ritual fällt es Kindern meist auch leichter, die Regeln der Eltern zu akzeptieren – vorausgesetzt, es sind nicht zu viele, sondern wenige, aber klare Vorgaben. Überprüfen Sie also auch Ihre Erwartungen und machen Sie Zugeständnisse: Achten

Nicht zu hohe Anforderungen stellen

TIPP!

Alles erlaubt ...

Wenn alles Reden und auch die schönste Tischdekoration nichts nützen, machen Sie ein Zugeständnis: Einmal in der Woche oder im Monat ist »Schweinetag«. Jeder darf essen, wie er will: mit den Händen, schmatzend ... Jeder muss sich allerdings seine schlechten Tischsitten für diesen Tag aufsparen. Wahrscheinlich erübrigt sich der »Schweinetag« bald, denn was erlaubt ist und geduldet wird, verliert bekanntlich schnell seinen Reiz. Und vielleicht ist es ja auch für die Kinder bald nicht mehr so schön anzusehen, wenn die anderen essen »wie die Schweine«.

Sie vor allem darauf, dass Sie Ihr Kind beim Essen nicht ständig ermahnen, sonst wird der Tisch bald zum Kampfplatz, und das Essen schmeckt keinem mehr. Sprechen Sie lieber zu einem anderen Zeitpunkt über unerwünschte Verhaltensweisen beim Essen, das ist meist effektiver. Beziehen Sie Ihre Kinder außerdem schon möglichst früh beim Kochen und dem Vorbereiten des Essens ein. Auch den Tisch können die Kinder mitdecken und dekorieren. Vielleicht erfinden Ihre Kinder dabei hübsche Rituale oder basteln etwas für den gemeinsamen Tisch. Das fördert eine ruhige, feierliche Atmosphäre bei Tisch und lässt das Essen noch besser schmecken.

Helfen macht Appetit und gute Laune

Lecker und gesund

Eltern sind verständlicherweise sehr an dem interessiert, was ihre Kinder essen. Deshalb gibt es oft schon früh Konflikte um das Essen, und Eltern können schier daran verzweifeln, wenn ihre Kinder so gar nichts »Gesundes« essen wollen. Dabei helfen oft schon einfache »Tricks«, Ihrem Kind auch Gemüse & Co. schmackhaft zu machen:

- Lassen Sie Ihre Kinder mitentscheiden, was sie essen. Sie fühlen sich ernst genommen und groß, wenn sie in der Früh gefragt werden: Heute Mittag gibt es Karotten – wie soll ich sie zubereiten? Das Kind darf dann eine Entscheidung fällen, und die Mutter hält sich daran.
- Außerdem essen Kinder in der Regel sehr gern Rohkost mit Dips. Also bringen Sie doch einfach öfter mal Gemüse roh und mundgerecht zubereitet auf den Tisch statt es zu kochen, was ohnehin nur Vitamine kostet!
- Wenn Sie dann auch noch etwas fürs Auge tun, beispielsweise ein lustiges Gesicht aus Gemüse auf dem Teller arrangieren, können sicher auch kleine »Gemüse-Muffel« der Versuchung nicht mehr widerstehen.

Gemüse: frisch und lustig

TIPP!

Die süße Stunde

Süßigkeiten sollten etwas ganz Besonderes, ein Extra-Genuss, sein. Gerade deshalb ist für Süßigkeiten ein Ritual gut geeignet: Nur zu ganz bestimmten Zeiten und Anlässen gibt es etwas zum Naschen. Das muss nicht jeden Tag sein, sondern kann zum Beispiel der Sonntags-Nachtisch oder der Kuchen am Mittwochnachmittag sein.

Süßes nach Maß

Süßigkeiten sind immer ein heikles Thema. Ein generelles Verbot lässt sich kaum durchhalten – und ist auch nicht ratsam. Helfen Sie Ihrem Kind, den sinnvollen Umgang mit Süßem zu lernen. Und das ist gar nicht so schwer:

- Süßigkeiten sollten nicht als Trost oder Belohnung gegeben werden.
- Auch Frustrationen und Langeweile sollten grundsätzlich nicht mit Süßem »weggegessen« werden. Ebenso wenig fehlende Zuwendung und Aufmerksamkeit. Sonst werden Süßigkeiten zum Liebesersatz!
- Außerdem gilt: Je später Sie Ihr Kind auf den Geschmack bringen, umso besser. Denn was man nicht kennt, danach spürt man auch kein Verlangen.
- Häufig lässt sich der Hunger auf Süßes auch durch frisches Obst stillen, das viel natürlichen Fruchtzucker enthält und deshalb bei Kindern sehr beliebt ist – und bei Eltern, vor allem wegen der vielen Vitamine. Finden Sie heraus, welche Obstsorten Ihr Kind besonders mag.

Das Bonbon-Schränkchen

Wenn Sie Ihrem Kind jeden Tag eine kleine Süßigkeit geben wollen, basteln Sie doch gemeinsam eine spezielle Süßigkeiten-Kommode:

Das brauchen Sie:
sieben Streichholzschachteln
Klebstoff, Buntpapier

So basteln Sie die Süßigkeiten-Kommode

- Kleben Sie die Streichholzschachteln aufeinander, bekleben Sie sie mit Buntpapier und schreiben Sie auf jede Schublade einen Tag. Legen Sie in jedes Fach eine Kleinigkeit, zum Beispiel ein Bonbon oder ein Gummibärchen. Jeden Tag darf Ihr Kind ein Fach öffnen – und eine süße Überraschung genießen!

Freizeit durch Rituale

Rituale sorgen dafür, dass der Tag eines Kindes nicht im Chaos versinkt, was bei Kindern Unsicherheit erzeugt und das Einschlafen am Abend erschweren kann. Lieb gewonnene, feste Gewohnheiten heben durch ihre besondere Form zugleich Ereignisse aus dem Alltag heraus.
Zum anderen schaffen Rituale wertvolle Ruheinseln in einem vollen Terminkalender – und den kennen heute oft schon kleine Kinder. Um musikalisches Talent, sportliche Begabung und so manches andere zu fördern, kutschiert so manche Mutter nicht selten ihr Kind von Termin zu Termin. Kinder erleben dann vor lauter Aktivitäten kaum noch Freizeit und Ruhephasen, in denen Entspannung, ja sogar Langeweile aufkommen kann.

Freizeitstress vermeiden

Ihr Kind darf sich langweilen

Ja, Sie lesen richtig: Ihr Kind braucht auch lange Weile. Sie ist die eigentliche Quelle für neue Ideen und Kreativität, also eine wichtige Voraussetzung für die innere Entwicklung Ihres Kindes. Nur in einer langen Weile kann es spüren, was es eigentlich (tun) will – aus seinem tiefsten Inneren heraus. Es kann sich seinen Gefühlen und Gedanken hingeben, sich mit sich selbst beschäftigen. Mit Hilfe kleiner Rituale können Sie die Alltagshektik ausbremsen und Ruheinseln schaffen.

Das Kind zur Ruhe kommen lassen

- Sorgen Sie auch für regelmäßige Spiel- und Gesprächszeiten. So bekommt der Tag einen Rhythmus und die richtige Mischung aus Bewegung, Spiel, Entspannung, Essen und Gesprächen ist gewährleistet.
- Rituale sollen dabei aber vor allem einen zeitlichen und inhaltlichen Rahmen vorgeben, eine Struktur, und nicht den ohnehin bestehenden Terminen eine Vielzahl neuer hinzufügen. Also: nicht zu viele Freizeitrituale, sonst kommt »Freizeitstress« auf!

Jetzt ist Spielzeit!

Wenn Sie feste Zeiten in den Tagesablauf einbauen, in denen Sie gemeinsam mit Ihrem Kind spielen, wird es Ihr Kind auch leichter akzeptieren, wenn keine Spielzeit ist, weil Sie Zeit für sich brauchen oder für eine andere Tätigkeit.

Regelmäßige Zuwendung für Ihr Kind

Je früher Sie damit anfangen, umso selbstverständlicher wird Ihr Kind das akzeptieren. Allerdings nur, wenn es sich auch wirklich darauf verlassen kann.

Rituale für Spielstunden

- Sie können beispielsweise den Küchenwecker stellen und Ihrem Kind sagen, dass Sie mit ihm spielen, sobald der Wecker klingelt. Oder Sie legen eine Kassette ein: Wenn diese zu Ende ist, beginnt die gemeinsame Spielzeit.
- Je kleiner ihr Kind ist, desto kürzer sollte allerdings die Wartezeit sein: Für ein zweijähriges Kind wenige Minuten, ein Sechsjähriger kann schon mindestens eine halbe Stunde warten.

TIPP!

Gemeinsam macht's mehr Spaß

Gerade für kleine Kinder ist Dabeisein meist alles. Deshalb lieben sie es sehr, sich auch an der Hausarbeit zu beteiligen. Beziehen Sie Ihr Kind also sooft es geht in die täglichen Arbeiten im Haushalt mit ein. Zugegeben: Die Arbeit geht dadurch langsamer von der Hand, aber Eltern und Kinder haben auch viel Spaß daran, und die Kinder fühlen sich ernst genommen. Außerdem wird es für das Kind so selbstverständlich, gemeinsam mit den Eltern anstehende Arbeiten zu erledigen – auch wenn es größer wird und die Freude an der Hausarbeit nachlässt.

Denken Sie daran: Sie müssen sich als Eltern nicht ununterbrochen um Ihre Kinder kümmern. Auch Sie haben das Recht auf Ihren eigenen Freiraum, und es gibt keinen Grund ein schlechtes Gewissen zu haben – schon gar nicht, wenn Sie durch solche Pausen bewusst für eine regelmäßige und zuverlässige Abwechslung im Tagesablauf sorgen!

Auch »Auszeiten« zum festen Ritual werden lassen

WICHTIG

Fernsehen – nur in Maßen

Die Bundeszentrale für gesundheitliche Aufklärung empfiehlt, Vier- bis Siebenjährige nicht mehr als eine halbe Stunde täglich fernsehen zu lassen, bei zwei fernsehfreien Tagen pro Woche. Sieben- bis Elfjährige sollten höchstens eine Stunde täglich und Kinder ab elf Jahren maximal zwei Stunden am Tag fernsehen – natürlich nur altersgerechte Sendungen.

Damit der Fernseher aus bleibt

Zum Fernsehen gibt es immer eine Menge Alternativen! Das heißt natürlich nicht, dass Ihr Kind nicht fernsehen will. Auch wir Erwachsenen ziehen den passiven Fernsehkonsum allzu oft anderen Aktivitäten vor – warum sollten das unsere Kinder nicht auch tun? Für sie ist es zudem noch äußerst spannend, die vielen bunten Bilder über die Kiste flimmern zu sehen. Dass sie das meist heillos überfordert, ist längst bekannt – und auch, dass sie zu viel fernsehen.

Nicht zu früh beginnen

Wie aber können Kinder einen maßvollen und vernünftigen Umgang mit dem Fernseher lernen? Dazu können Sie vor allem beitragen, indem Sie Ihr Kind möglichst spät mit dem Fernseher vertraut machen und dabei auch selbst Vorbild sind! Denn nur, wenn der Fernseher nicht im Hintergrund läuft und Sie nicht wahllos durchs Programm »zappen«, sondern wirklich gezielt Sendungen ansehen, können Sie erwarten, dass sich auch Ihr Kind entsprechend verhält.
Schließlich ist es mit dem Fernsehen ganz ähnlich wie mit den Süßigkeiten (siehe Seite 30): Verbieten macht keinen Sinn, zu viel ist ungesund, das richtige Maß dagegen kann sehr sinnvoll und schön sein. Machen Sie auch das Fernsehen zu einem Ritual, das festen Grundregeln folgt.

Wichtige Fernseh-Regeln

- Setzen Sie den Fernseher nicht als Babysitter ein, um Ihre Ruhe zu haben.
- Machen Sie deutlich, dass Fernsehen etwas Besonderes ist, indem Sie das Gerät wirklich nur

Bewusst das Passende auswählen

für die ausgewählten Sendungen einschalten und sofort danach wieder ausstellen.

- Beschränken Sie sich auf feste Sendungen wie das tägliche »Sandmännchen« (fünf Minuten) oder die sonntägliche »Sendung mit der Maus« (30 Minuten).
- Wählen Sie nur wirklich gute und altersgerechte Sendungen. Viele Programmzeitschriften enthalten entsprechende Hinweise.
- Nachrichten sind keinesfalls kindgeeignet! Sie haben für Kinder keinen informativen, sondern nur einen bedrohlichen Effekt! Sehen Sie Kindersendungen immer gemeinsam an, damit Sie Fragen beantworten und das Gesehene nachbesprechen können.

Schöner Klassiker: das Sandmännchen

Mit sich allein sein

Mit festen Spiel- und seltenen Fernsehzeiten lernt Ihr Kind auch leichter, allein zu spielen und überhaupt mit sich alleine zu sein. Das ist eine wichtige Lernaufgabe. Bei größeren Kindern sollten Sie dafür sogar eine feste Zeit einplanen. Gut eignet sich die Zeit nach dem Mittagessen oder vor dem Abendessen. Wichtig ist vor allem, dass Sie diese Zeiten einhalten, ein echtes Ritual daraus werden lassen – damit die schon beschriebene Langeweile (siehe Seite 31) auch wirklich entstehen kann.
Wenn Sie ein solches Ritual neu einführen, ist es sehr wahrscheinlich, dass Ihr Kind sich einige Zeit heftig beschweren wird, sobald die Zeit des Alleinseins gekommen ist. Lassen Sie sich davon nicht irritieren und bleiben Sie konsequent! Denken Sie daran, dass Sie damit Ihrem Kind etwas Unschätzbares mitgeben. Viele Erwachsene können nicht allein sein und leiden darunter! Ihr Kind wird es bald gelernt haben!

Entspannungsrituale für Kinder

In unserer Gesellschaft werden oft schon die Kleinsten mit Eindrücken überschüttet, die nur schwer zu verarbeiten sind und ein Kind kaum noch zur Ruhe kommen lassen.
Es fällt deshalb nicht nur Erwachsenen, sondern auch oft schon Kindern sehr schwer, zur Ruhe zu kommen und zu entspannen. Neben Zeiten des Alleinseins (siehe links) können Sie auch ein Entspannungsritual einführen, das Ihrem Kind dabei hilft, loszulassen und abzuschalten von der äußeren, lauten und bunten Welt.

Abschalten, ausruhen, sich erholen

Schöne Rituale, die Ruhe bringen

Entspannen mit Kerzenlicht, Massagen oder einem Bad

▶ Vielen Kinder gelingt das besonders gut, wenn sie in eine brennende Kerze schauen und dabei ganz ruhig sind. Am besten setzen Sie sich gemeinsam mit dem Kind an einen Tisch, auf dem die brennende Kerze steht, und dunkeln den Raum leicht ab. Das steigert die Konzentrationsfähigkeit und schafft Geborgenheit. Bitte lassen Sie Ihr Kind nie mit offenem Feuer allein!

▶ Auch eine sanfte Massage oder ein Bad mit einem beruhigenden Zusatz – zum Beispiel 2 bis 3 Tropfen Rosmarinöl – kann eine sehr entspannende Wirkung haben.

Willkommen auf der Insel der Ruhe!

Schaffen Sie eine Ruhe-Insel: Wenn Sie diese regelmäßig mit Ihrem Kind »besuchen«, wird es sich sicher schon bald auf die wunderschönen »Entspannungsreisen« freuen!

Gemeinsam zur Ruhe kommen

▶ Breiten Sie dazu ein Laken auf dem Teppich aus – Ihre gemeinsame Insel. Legen Sie sich darauf, Kopf an Kopf, und stellen Sie sich den Himmel oder eine ruhige Landschaft vor. Erzählen Sie Ihrem Kind, was Sie sehen: wie langsam Wolken vorüberziehen oder sich malerische Hügel aneinander reihen. Dunkeln Sie dabei das Zimmer leicht ab und schließen Sie die Augen.

Das Familienleben ritualisieren

Der Alltag spielt sich für kleinere Kinder überwiegend in der Familie ab. Das heißt natürlich nicht, dass diese immer aus der »klassischen Besetzung« von Vater, Mutter und Kindern besteht: Manchmal lebt ein Kind auch nur mit einem Elternteil zusammen – auch dann sind die beiden eine »richtige« Familie.

Weniger ist mehr

In der Regel ist eine Familie im Alltag ohnehin nur selten vollzählig, da meist ein Elternteil oder beide arbeiten und auch die Kinder unterschiedliche Kindergarten- und Schulzeiten sowie Nachmittags-Termine haben.

Eigene Familientraditionen finden

Damit die Familie aber auch in unruhigeren Zeiten zusammen- und nicht nur nebeneinanderher lebt, sind gemeinsame Zeiten wichtig, in denen sich ein Teil und auch die ganze Familie regelmäßig trifft und austauscht.

Das Wir-Gefühl stärken

Denn auch das Miteinander-Reden ist nichts anderes als ein Ritual, und zwar das wohl wichtigste überhaupt in jeder zwischenmenschlichen Beziehung.

Bei uns war das immer so ...

Überlegen Sie sich einmal, was Ihre Familie eigentlich ausmacht, welche Identität Sie als Familie haben. Dazu gehören alltägliche Gewohnheiten genauso wie das Feiern von Festen, aber auch eigene Symbole wie die typische Familienbegrüßung.

Durch die Vielfalt kleiner Gewohnheiten und »Bräuche« gleicht keine Familie genau einer anderen: Jede pflegt andere Traditionen und Rituale, gestaltet das Wochenende, den Alltag oder auch den Urlaub etwas anders. Pflegen Sie diese Besonderheiten, damit auch Ihre Kinder einmal sagen können: »In unserer Familie haben wir immer …«

Gemeinsam schöne Rituale finden

Die Familie tagt

Rituale helfen, in der knappen gemeinsamen Zeit regelmäßige und verbindliche Familientreffen einzuplanen. Das kann das gemeinsame Abendessen oder Frühstück (siehe Seite 25 ff.) sein, wo die ganze Familie um den Tisch sitzt und alles Wichtige in einem angenehmen, vertrauten Rahmen besprechen kann. Jede Familie sollte darauf achten, wenigstens eine Mahlzeit am Tag gemeinsam einzunehmen – oder einen anderen festen gemeinsamen Termin am Tag zu finden: vielleicht ja auch eine Teestunde am Nachmittag.

Die Stunde für die ganze Familie

Ohne ein solches festes Treffen besteht die Gefahr, dass sich die Familie auseinander lebt und niemand mehr auf dem Laufenden ist, was die anderen Familienmitglieder betrifft. Deshalb sollte neben den anstehenden Problemen innerhalb der Familie auch das Alltägliche, scheinbar Banale angesprochen werden. Alle sollten Gelegenheit bekommen, von sich zu erzählen, was sie gemacht und erlebt haben, Positives wie Negatives.

Eine solche Familienkonferenz darf aber nicht zum »Familiengericht« werden, wo jemand ausgefragt und verurteilt wird. Das Treffen sollte zwanglos, aber in einem rituellen, also verbindlichen, angenehmen und besonderen Rahmen stattfinden – wie gesagt, am besten täglich. Nur wenn es wirklich nicht anders geht, kann der Familienrat auch einmal wöchentlich am Wochenende »tagen«.

TIPP!

Der Wochenplan

Bei diesem Treffen können Sie einmal pro Woche gemeinsam einen Plan aufstellen, auf dem Sie festlegen, wer in der kommenden Woche welche Aufgaben übernimmt. Verteilen Sie die Arbeiten reihum und altersgemäß. Schreiben Sie die Aufgaben auf einen Zettel: Wer trägt den Abfall runter, wer spült an welchem Tag ab, wer kauft wann ein … Hängen Sie den Plan für alle sichtbar an die Kühlschranktür oder eine Pinnwand.

WICHTIG

Unsere Familie trifft sich, damit …

- alle wissen, wie es den anderen geht,
- wir miteinander reden,
- wir einander zuhören,
- alle ein Forum für ihre Anliegen haben,
- Probleme auf den Tisch kommen,
- auch über Positives geredet werden kann,
- alle erzählen können, wie sie sich fühlen,
- Konflikte gemeinsam gelöst werden.

Streiten lernen, Kompromisse finden

Wo Menschen zusammenleben, entstehen nun einmal immer wieder Konflikte – also auch und vor allem in der Familie.
Wer das leugnet, lebt mit ziemlicher Sicherheit in einer Scheinharmonie, die übrigens nicht weniger schädlich ist als permanente Konflikte. Vor allem Kinder leiden oft nachhaltig unter einer Atmosphäre, in der »alles unter den Teppich gekehrt« wird. Und sie können dabei auch nicht lernen, mit Konflikten angemessen umzugehen.

Probleme nicht unter den Teppich kehren

Besser ist es, wenn Sie entstehende Konflikte grundsätzlich austragen und niemand seinen Kummer, seinen Ärger und seine Wut verdrängen muss. Und am allerbesten ist es, Ihre Kinder lernen das »richtige Streiten« mit Ihnen, im geschützten Raum der Familie.

Streiten will gelernt sein

Wenn Sie dabei einige wichtige Regeln beachten, können Auseinandersetzungen reinigende Gewitter sein. Schließlich machen ja erst Meinungsverschiedenheiten das Miteinanderleben vital und anregend: Jeder bleibt dabei geistig in Bewegung, und die Selbsterkenntnis sowie das Wissen über die anderen werden gefördert.

Richtig streiten will gelernt sein

Um die positiven Aspekte jeder Auseinandersetzung wirklich optimal zu nutzen, bedarf es einer Streitkultur, die dazu beiträgt, Konflikte in konstruktive Bahnen zu lenken.
Richtige Streitkultur hilft auch, nach einer »Explosion« zumindest wieder reine Luft zu schaffen, sodass das Familienklima nicht noch Tage später gestört ist. Grundsätzlich sollte niemand beim Streiten seelisch verletzt werden.

Faire Regeln fürs Streiten aufstellen

Den Rahmen des »Streitrituals« könnte zum Beispiel eine Familienkonferenz bilden (siehe Seite 37). In jedem Fall soll dabei eine Atmosphäre herrschen, in der alle Familienmitglieder ihre Argumente vortragen können, aber auch die Ansichten und Standpunkte der anderen anhören. Selbstverständlich dürfen alle ausreden. Am Ende dieser »Zusammenkunft« kann – je nach Anlass der Auseinandersetzung – ein Kompromiss stehen, eine Versöhnung oder eine Entschuldigung.

Leben Sie Ihren Kindern »richtiges« Streiten vor

Natürlich sind solche Formen der Auseinandersetzung das Ergebnis eines langen Prozesses und leben vom Vorbild der Eltern: Nur wenn Sie es schaffen, auf andere zuzugehen und aus einem affektgeladenen Streit eine konstruktive Auseinandersetzung werden zu lassen, können sich Ihre Kinder daran ein Beispiel nehmen – und »richtig« streiten lernen. Kinder registrieren sehr genau, wie ihre Eltern sich bei einem Streit verhalten. Ob sie vielleicht lieber erst einmal eine Runde ums Haus gehen (ohne vor dem Streit wegzulaufen!) oder auch einfach tief Luft holen, statt zu explodieren und etwas Verletzendes auszusprechen. Und Ihre Kinder werden lernen, Fehler einzugestehen und sich zu entschuldigen, wenn sie das auch bei Ihnen so erleben.

Kinder lernen durch Erleben

TIPP!

Jeder braucht Schokoladentage!

Nicht nur beim Streiten sind gegenseitiger Respekt und Toleranz wichtig. Auch im ganz normalen Familienalltag sollte jeder gewisse Freiräume haben – Zeit für das, was er mag. Legen Sie doch einfach besondere Tage oder Zeiten fest, zu denen sich reihum jedes Familienmitglied wünschen darf, was es mit oder ohne die anderen machen möchte.
Einige Beispiele: Mittwochnachmittag ist der Schokoladentag des Sohnes. Er wünscht sich, mit der Mutter und der Schwester mit seiner elektrischen Eisenbahn zu spielen. Dagegen wünscht sich die Mutter vielleicht an ihrem Schokoladentag, dem Donnerstagnachmittag, in Ruhe in ihrem spannenden Krimi weiterzulesen.
So kommt, auch in einer größeren Familie, jeder wenigstens einmal in der Woche voll auf seine Kosten – und alle respektieren den Schokoladentag der anderen, weil sie ja selbst ihren haben.

Guten Abend, gute Nacht

Gar nicht so einfach: den Tag ausklingen lassen

Kennen Sie das? Eben noch war Ihr Kind todmüde, jetzt, wo es ans Schlafen geht, lebt es merklich auf und widersetzt sich standhaft auf dem Weg ins Bett. Oder: Ihr Kind kommt jeden Abend mehrmals aus dem Bett, mit immer neuen Wünschen, die unbedingt erfüllt werden müssen? Allabendlich führen unzählige Eltern einen Kampf, der an den Nerven zerrt – und oft überflüssig ist.

Besser einschlafen mit Ritualen

Verschiedene Untersuchungen zeigen, dass Eltern einen großen Einfluss auf das (Ein-)Schlafverhalten ihrer Kinder haben. Zwar gibt es schon unter den Kleinsten ein verschieden hohes Schlafbedürfnis. Ob Ihr Kind also viel oder wenig schläft, können Sie fast nicht beeinflussen.
Aber gerade das Ein- und Durchschlafen kann, ja muss sogar gelernt werden. Und auch hier sind Rituale eine Hilfe – beim Vorbereiten, beim Einschlafen und beim Durchschlafen. So schlafen schon Babys besser, wenn ihr Abend regelmäßig und nach einem vertrauten Schema abläuft. Dabei dürfen abendliche Rituale jedoch auch nicht dazu führen, dass die Zeremonie immer länger ausgedehnt wird, sonst verfehlen sie ihre Wirkung.

Gut vorbereitet zu Bett

Vor dem Schlafengehen noch Nähe tanken

Die beste Vorbereitung auf eine ruhige und lange Nacht ist ein abwechslungsreich verlaufender Tag mit verlässlichen, schönen Ritualen. Viel Bewegung an der frischen Luft, eine konfliktarme Atmosphäre und ein ruhiger Abend tun ein Übriges. Das bedeutet auch: Kuscheln, auf den Schoß nehmen, damit Ihr Kind Geborgenheit tanken kann – ein wichtiges Ritual, um sich auf die Nacht vorzubereiten. Vermeiden Sie Drohungen wie: »Du gehst jetzt gleich ins Bett!« Denn das Zubettgehen soll ja nicht als Strafe, sondern als etwas Schönes, Erholsames und Vertrautes erlebt werden. Auch das Weglassen des Abendrituals als Strafe ist

denkbar ungeeignet, denn gerade nach einem aufregenden oder konfliktreichen Tag ist ein harmonischer Tagesabschluss besonders wichtig. Dazu gehört auch, dass er rechtzeitig beginnt. Schaffen Sie einen allmählichen Übergang vom Tag zur Nacht, ganz ohne Stress und Hektik.

Klassische Abendrituale

Für den Abend gibt es in fast jeder Familie schöne Rituale. Häufig unterscheiden sie sich nur in Details, denn die wahren »Klassiker« sind altbewährt.

- Ein schöner Einstieg in den Abend ist ein gemeinsames Brettspiel, bei kleinen Kindern eventuell ein Puzzle.
- Vielleicht malt Ihr Kind auch zum Abschluss des Tages ein Bild. Das beruhigt und hilft Erlebnisse zu verarbeiten.

Ein gemeinsames Spiel als Abendritual

- Auch ein Tagebuch, das die Eltern – und später das Kind selbst – führen, eignet sich für den Tagesabschluss. Oder ein Tageskalender, in den Ihr Kind jeden Abend ein kleines »Tagesbild« malen kann. In jedem Fall sollten alle Tätigkeiten am Abend mit Muße ausgeführt werden, möglichst bei gedämpftem Licht, damit Kinder und Eltern ganz allmählich zur Ruhe kommen.
- Bitte abends nicht mehr toben: Das führt meist nur dazu, dass die Kinder völlig »überdrehen« und nur ganz schlecht wieder zur Ruhe kommen können. Am besten sollten sie sich tagsüber richtig austoben können.

Einen »Gang zurückschalten«

- Nach dem gemeinsamen Spiel können Sie zusammen das Abendessen herrichten und es in aller Ruhe einnehmen (Seite 27 ff.). Das ist auch eine gute Gelegenheit, den vergangenen Tag noch einmal Revue passieren zu lassen: Schönes und Aufregendes, aber auch ungelöste Konflikte können dabei besprochen werden.
- Nach dem Essen darf Ihr Kind das Buch für die Gute-Nacht-Geschichte aussuchen, bevor es ins Bad geht (siehe Seite 22 ff.). Wenn Ihr Kind beim Waschen gern trödelt, versuchen Sie es doch einmal mit dem Wecker-Trick: Der Küchenwecker klingelt nach einer angemessenen Zeit zur Gute-Nacht-Geschichte.

Gute Nacht – schlaf schön!

Am schönsten ist es für Kinder, wenn sie von den Eltern zu Bett gebracht werden (natürlich nur, solange die Kinder das selbst möchten). Denn es ist ein großer Unterschied für ein Kind, ob es ins Bett begleitet wird oder ob es sich verabschieden und allein schlafen gehen muss.

Das Kind ins Bett begleiten

Alle in die richtige »Schlafposition«

Natürlich darf Ihr Kind dann noch in Ruhe seinen Schlafplatz vorbereiten: Jedes Kuscheltier kommt auf seinen angestammten Platz, das Kissen ebenfalls. Das ist sehr wichtig, denn das »Nest« mit sämtlichen Bettgefährten gibt einem Kind viel Geborgenheit und die nötige Sicherheit für eine lange Nacht. Schön ist auch ein »Betthimmel«, den Sie am Gitterbett befestigen und später in einem größeren Bett durch ein Mückennetz ersetzen können.
In so einer Schlafhöhle fühlt sich Ihr Kind besonders geborgen.

Vorlesen am Abend

Nach wie vor ist die Gute-Nacht-Geschichte für die meisten Kinder ein Muss. Kaum vorstellbar, dass sie jemals aus der Mode kommt! Am eindrucksvollsten ist sie für die meisten Kinder, wenn man sie frei erzählt – falls Ihnen das liegt.
Aus solchen Ritualen schöpft Ihr Kind viel Sicherheit, vor allem, wenn es noch klein ist. Und auch Schulkinder, die schon lesen können, bekommen abends noch gern vorgelesen, denn dabei erhalten sie auch die volle Aufmerksamkeit von Mama oder Papa und lernen außerdem, aufmerksam zuzuhören.
Die Gute-Nacht-Geschichte sollte auf keinen Fall zu spannend oder aufregend sein und ein gutes Ende nehmen. Viele Märchen sind übrigens als Abendgeschichte nicht so geeignet, da sie eine starke Bildersprache haben und oft auch drastische Handlungen beinhalten.

Vorlesen und Geschichten weiterträumen

TIPP!

Bitte nochmal!

Vielleicht möchte Ihr Kind tagelang dieselbe Geschichte wieder und wieder hören? Das finden Erwachsene zwar langweilig, Kinder jedoch nicht! Ihr kleiner Zuhörer wird ganz genau aufpassen und Sie sofort berichtigen, wenn Sie auch nur ein einziges Wort verändern.

Varianten des Klassikers

- Sie können diesen Klassiker aber auch abändern, indem Sie Ihr Kind eine Geschichte erzählen lassen oder im Wechsel mit ihm die Geschichte weiterspinnen. Sie können beispielsweise aus seinen Bettgefährten ein Kuscheltier aussuchen, um das sich die Abendgeschichte dreht.
- Kinder lieben es auch, Geschichten über sich selbst zu hören: über ihre Baby- und Kleinkindzeit. Auch Erzählungen über die Kindheit der Eltern interessieren sie sehr. Solche Familienerinnerungen können ein geliebtes Abendritual werden.
- Später mag Ihr Kind vielleicht auch gern selbst noch einige Zeit im Bett lesen. Darf es dann noch das Licht allein löschen, ist es schon richtig groß!
- Sie können auch kleine Geschichten-Spiele im Dunkeln machen. Fragen Sie zum Beispiel, was der vergangene Tag für ein Tier gewesen wäre, vielleicht eine Schnecke, weil alles so langsam ging, oder ein Affe, weil es hektisch und chaotisch zuging. Durch so ein Spiel kann Ihr Kind noch einmal über den Tag nachdenken. Und in dieser Bildersprache fällt oft auch verschlosseneren Kindern das Erzählen viel leichter.

Das Reden erleichtern

- Sie können Ihrem Kind auch erzählen, was Sie heute gefühlt haben, als Sie gestritten haben, oder wie Sie sich gefreut haben, weil Ihr Kind Ihnen so viel geholfen hat. Ihr Kind lernt so, über Gefühle zu reden.
- Zum Einschlafen eignen sich auch kleine Gedichte, wie zum Beispiel dieses:

Himpelchen und Pimpelchen

Himpelchen und Pimpelchen
stiegen auf einen Berg.
Himpelchen war ein Wichtelmann
und Pimpelchen war ein Zwerg.
Sie blieben lange dort oben sitzen
und wackelten mit
ihren Zipfelmützen.
Doch nach fünfund-
siebzig Wochen sind
sie in den Berg
gekrochen.
Dort schlafen sie
in großer Ruh.
Sei mal still und
hör gut zu:
Chrr, chrr, chrr …

Musik zum Einschlafen

- Auch ein Gute-Nacht-Lied ist ein schöner Tagesabschluss. Die alten Schlaflieder basieren auf harmonischen Tonfolgen, die eine entspannende Wirkung haben. Deshalb wirken sie sogar auf schreiende Babys beruhigend.
- Wenn Ihr Kind eine Spieluhr im Bett hat, lernt es sicher bald, sich selbst mit vertrauter Musik zu beruhigen.
- Kindern, die nur schwer zur Ruhe kommen, hilft auch Meditationsmusik. Sie lenkt ab, beruhigt und verlangsamt den Herzschlag. Als regelmäßige Einschlafhilfe sollte sie allerdings nur bei Einschlafstörungen dienen.

Träumen nach Noten

Besser nicht: aufwendige Einschlafhilfen

Braucht viel Geduld: neue Rituale einführen

Es ist sehr schwierig, Kindern vertraute Rituale abzugewöhnen. Das erfordert von den Eltern viel Geduld und Konsequenz, denn die Kinder sehen meist nicht ein, warum sie sich von einer lieb gewordenen Gewohnheit verabschieden sollen.
Deshalb sollten Sie bestimmte Einschlafhilfen und -rituale möglichst gar nicht erst einführen. Dazu gehört etwa, dass sich Mama oder Papa stets zum Einschlafen dazulegen, dass das Kind darauf besteht, immer mit demselben Elternteil einzuschlafen, oder es sich weigert, ohne Saugerflasche ein Auge zuzumachen.

Sollten solche anstrengenden Rituale bei Ihnen bereits Einzug gehalten haben, helfen zum Umgewöhnen nur neue Rituale und viel Geduld. Ist Ihr Kind etwa an die Brust oder den Elternarm als Einschlafhilfe gewöhnt, legen Sie es am besten noch wach ins eigene Bett, damit es später dort aufwacht, wo es eingeschlafen ist. Sie werden dann aber noch einige Zeit am Bett bleiben, trösten und streicheln müssen, damit es sich nicht im Stich gelassen fühlt.

Schlecht geträumt?

Ein Kind beginnt vermutlich mit etwa eineinhalb Jahren in Bildern und Szenen zu träumen. Erst im sechsten Lebensjahr kann es aber begreifen, dass die Bilder nicht wirklich existieren, sondern im eigenen Kopf entstehen.
Im Vorschulalter werden Kinder zudem häufiger von Alpträumen geplagt. Reden Sie regelmäßig mit Ihrem Kind über seine Träume. Dadurch wird es entlastet und begreift schneller, dass ein Traum nichts Wirkliches ist. Außerdem erfahren Sie so oft auch Wichtiges über Ihr Kind.

Verwischte Grenzen zwischen Traum und Wirklichkeit

WICHTIG

Psst: Alles ganz leise!

Wacht Ihr Kind nachts auf, verzichten Sie auf alle schönen Rituale: Spielen Sie nicht mit ihm, machen Sie kein helles Licht an und reden Sie nur im Flüsterton. Sonst wird Ihr Kind erst richtig wach und kann dann gar nicht mehr einschlafen.

Mit ins Elternbett?

Die meisten Kinder lieben es, bei Mama und Papa im Bett zu schlafen. Eltern sehen das meist etwas anders. Wenn Sie also Ihre Zweisamkeit bewahren wollen, sollten Sie Ihre Kinder nicht zu ständigen nächtlichen Gästen werden lassen.

Viele Kinder mögen diese Geborgenheit

Für Ihre Kinder hat das Schlafen im Elternbett dagegen keinerlei Nachteile: Es ist längst belegt, dass Kinder durch viel körperliche Nähe in den ersten Lebensjahren besonders unabhängig und ich-stark werden.
Wichtig ist aber immer, dass der Wunsch, im Elternbett einzuschlafen, vom Kind ausgeht und nicht von einem Elternteil.

Manchmal sehr hilfreich

Gerade in Phasen, in denen Kinder Angst vor dem Alleinsein und der Dunkelheit haben, wirkt das Einschlafen im Elternbett oft Wunder. Die Frage ist eben nur, ob das Kind danach auch wieder im eigenen Bettchen schlafen möchte.

Eine ganz individuelle Entscheidung

Manchmal reicht es schon, wenn ein Kind (allein) im elterlichen Bett einschlafen darf und dann später von den Eltern ins eigene Bett getragen wird – das Aufwachen im eigenen Bett ist in der Regel kein Problem. Wenn Sie aber auch das nicht möchten, müssen Sie auf keinen Fall ein schlechtes Gewissen haben:
Sie haben ein Recht auf Ihr eigenes Schlafzimmer und Ihre nächtliche Intimsphäre! Die behalten Sie am besten, wenn Sie Ihr Kind nachts konsequent am eigenen Bett trösten und es nicht aus Bequemlichkeit mit in Ihr Bett nehmen.

Manchmal brauchen Kinder eine »Extra-Portion« Nähe

Eine Ausnahme von dieser Regel können Sie ja vielleicht machen, wenn Ihr Kind noch sehr klein ist und krank wird oder sich in einer Krise befindet. Solche Ausnahmen »verstehen« auch schon kleine Kinder – immer vorausgesetzt, sie werden nicht zur Regel.

Endlich Wochenende!

Das Wochenende ist für die Woche das, was der Urlaub fürs Jahr ist: die Zeit der Erholung und der Gegensatz zum Alltag. Deshalb ist es wichtig, das Wochenende wirklich »ganz anders« zu leben und zu gestalten, damit auch die Bedürfnisse, die während der Woche zu kurz kommen, befriedigt werden.

Aufs Wochenende freuen

Am besten suchen Sie sich ein Übergangsritual für das Wochenende, das Ihnen hilft, abzuschalten und schneller Erholung zu finden – das gilt für Groß und Klein. Eine solche Einstimmung wäre etwa ein entspannendes Bad oder das Ablegen der Alltagskleidung. Es macht durchaus Sinn, dass Menschen, die sich unter der Woche für die Arbeit immer besonders chic anziehen müssen, am Wochenende am liebsten im Jogginganzug herumlaufen – und im umgekehrten Fall die Sonntagskleidung wichtig ist.

Äußerlich und innerlich umschalten

TIPP!

Das Wochenende einläuten

Sie können am Freitagabend ein Ritual einführen, das den Schnitt zwischen Alltag und Wochenende markiert. Vielleicht gibt es dann immer Pizza – und alle wissen: Jetzt beginnt das Wochenende!

Immer wieder sonntags ...

Der Sonntag (oder ein anderer Tag, an dem alle Familienmitglieder frei haben) sollte grundsätzlich nicht genutzt werden, um das unter der Woche Versäumte noch schnell nachzuholen. Natürlich ist es immer noch besser, etwa die Familienbesprechung (siehe Seite 37 f.) am Sonntag abzuhalten als gar nicht. Die Gefahr ist dann allerdings groß, dass sich zu viel angesammelt hat und für anderes kaum noch Zeit bleibt.
Vor allem die Kinder freuen sich auf den Sonntag, weil die Familie endlich mal den ganzen Tag komplett ist und gemeinsam etwas unternehmen kann.
Leben die Eltern getrennt, gehört der Sonntag meist dem Elternteil, das im Alltag fehlt. Auch dann ist der Sonntag für Ihr Kind etwas ganz Besonderes, ein echter

Festtag. Achten Sie deshalb darauf, den »Familientag« in der Woche fest zu reservieren und mit speziellen Ritualen zu feiern.

Sonntagsrituale, die Kinder lieben

- Die Kinder dürfen in der Früh ins Elternbett. Dort wird geschmust, gekitzelt, getobt, und alles endet vielleicht mit einer fröhlichen Kissenschlacht.
- Auf dem Esstisch steht schon ein Schälchen mit dem Sonntagsgruß, der den ersten Hunger vertreibt, vielleicht ein paar Nüsse und Rosinen, daneben das wöchentliche Taschengeld.

Leckeres Sonntagsfrühstück

- Zum Frühstück wird der Tisch besonders hübsch gedeckt. Es gibt etwas zu essen, was es im Alltag nicht gibt, vielleicht ein Frühstücksei oder Brötchen mit süßem Aufstrich.
- Frühstücken im Schlafanzug ist auch in vielen Familien sonntags sehr beliebt.
- Das Frühstück kann sehr ausgiebig und gemütlich sein – vielleicht gehört ein Sonntagsbrunch zur Familienkultur. Dabei lässt sich der bevorstehende Tag besonders gut planen.
- Anschließend dürfen die Kinder etwas tun, was sonst nicht erlaubt ist, etwa mit dem Computer spielen oder die »Sendung mit der Maus« ansehen.
- Nach einem besonderen Mittagessen mit leckerem Nachtisch folgt der Familienausflug, der auch Kindern viel Spaß macht, wenn eine richtige Entdeckungstour daraus wird.
- Und am Abend könnte noch ein gemeinsames Spiel auf dem Programm stehen.

Den freien Tag gemeinsam begrüßen

Elternrituale für das Wochenende

Eltern haben wenig Zeit – vor allem füreinander. Babys und Kleinkinder fordern nicht nur am Tag enorm viel, sondern unterbrechen oft auch die Nächte der Eltern. Partnerschaften geraten darüber nur allzu oft in eine Krise, denn häufig wird zuallererst die Zeit zu zweit eingeschränkt.

Die Partnerschaft pflegen

Lassen Sie es nicht so weit kommen: Schaffen Sie sich durch Rituale feste Zeiten für Ihre Partnerschaft.

- Nehmen Sie beispielsweise am Samstagabend einen Babysitter oder machen Sie den Samstagnachmittag zum Großeltern-Tag für die Kinder. Oder die Kinder dürfen sich mit Freunden verabreden.
- Bleiben Sie am Sonntagmorgen länger im Bett (siehe rechts) und bestehen Sie auf der Zeit zu zweit. Das ist schließlich nicht nur für Sie gut: Auch für die Kinder ist es ja wichtig, dass ihre Eltern in einer stabilen Partnerschaft leben. Außerdem zeigen Sie ihnen so, dass und wie eine Partnerschaft gepflegt wird.

Sonntag ist für alle da!

Sich Zeit zu zweit gönnen

Alle Familienmitglieder sollten am Wochenende auf ihre Kosten kommen – sich erholen, ausschlafen und etwas für sich tun. Und: Auch Sonntagsrituale sollen wie alle Rituale den Tag nicht vollständig ausfüllen, sondern nur einen Rahmen vorgeben, Höhepunkte setzen und helfen, Freiräume und gemeinsame Zeiten zu sichern.

- Führen Sie möglichst früh ein, dass Sie sonntags länger schlafen dürfen, bevor die große Kissenschlacht beginnt. Wenn Sie sich verlässlich an die anderen Programmpunkte des Tages halten, dürfen Sie bestimmt dafür auch ausschlafen.

Ein Nachmittag mit Oma und Opa

Bewusst vom Alltag abgrenzen

- Wenn Sie sonst mittags kochen müssen, können das am Sonntag vielleicht andere übernehmen, oder Sie gehen essen.
- Auch den Kindern muss am Sonntag kein Zwangsspaziergang oder Ähnliches zugemutet werden.
- Damit alle auf ihre Kosten kommen, darf jeder einmal den Hauptprogrammpunkt des Sonntags bestimmen oder – bei kleineren Kindern – unter mehreren Angeboten auswählen.

Mit einem Elternteil

Wochenendrituale sehen für Kinder, deren Eltern getrennt leben, natürlich ganz anders aus. Häufig sind sie dann bei dem Elternteil, der unter der Woche nicht da ist. Auch dabei sind feste Rituale wichtig, um zu verhindern, dass beim Abschied das Gefühl entsteht, eigentlich kaum etwas voneinander gehabt zu haben.

Die gemeinsame Zeit schön gestalten

TIPP!

Einen »Extra-Sonntag« finden

Wenn Sie mit Ihrem Kind im Alltag allein leben und es das Wochenende mit dem anderen Elternteil verbringt, sollten Sie während der Woche einen Höhepunkt einrichten, damit Sie nicht nur die Alltagsroutine gemeinsam erleben. Vielleicht reservieren Sie dafür den Mittwochnachmittag, um gemeinsam etwas Schönes zu unternehmen, etwa zum Schwimmen gehen, in den Zoo oder zum Schlittschuhlaufen. Diese Stunden sollten Sie dann aber auch unbedingt gegen andere Termine verteidigen!

Wochenende zu zweit

Wenn Sie Ihr Kind nur am Wochenende sehen, können Sie den Samstag wie einen Wochentag gestalten: Ihr Kind kann bei Ihnen seine Hausaufgaben machen, Sie arbeiten gemeinsam im Haushalt und kaufen zusammen ein. So erleben Sie auch ein Stück Alltag mit Ihrem Kind und haben nicht nur eine reine »Wochenend-Beziehung« zu ihm.

Papa ganz für mich allein

Meist sehen Kinder einen Elternteil, in der Regel den Vater, während der Woche kaum. Deshalb möchten sie ihn am Wochenende einmal ganz für sich haben, etwas mit ihm allein unternehmen. Vor allem wenn Geschwister da sind, haben Kinder das Bedürfnis, auch mal mit einem Elternteil ganz allein was Tolles zu machen. Für solche Termine eignet sich der Samstag besonders gut: Gehen Sie mit einem Kind ins Kino, zum Einkaufen oder Schlittschuhlaufen – und am nächsten Samstag ist das andere Kind dran.

Krisen im Kinderalltag erfolgreich meistern

Neben den schwierigen Entwicklungsphasen (siehe auch Seite 60 ff.), die ein Kind durchlebt, gibt es auch im Alltag eines Kindes kleinere und größere Krisen.
Ob Krankheiten, Ängste oder Trauer – all das gehört schon zum Leben eines Kindes. Auch wenn Sie es gern möchten: Sie können Ihren Kindern schwierige Momente und Zeiten nicht ständig ersparen; und Sie sollen es auch gar nicht – eine positiv bewältigte Krise macht ein Kind oft stärker und selbstbewusster.

Krisen sind nötig

Sie können Ihren Kindern aber auf jeden Fall helfen, schwierige Zeiten durchzustehen. Gerade mithilfe von Ritualen können Sie Ihr Kind trösten und ihm Ihre Liebe und Fürsorge zeigen.

Krankheiten durchstehen

Jedes Kind macht eine ganze Reihe von Infektions- und Kinderkrankheiten durch, spätestens ab dem Eintritt in den Kindergarten. Denn hier sind die Kleinen einer Vielzahl von Krankheitskeimen ausgesetzt, die sie immer wieder ins Bett zwingen. Auch wenn das für die Kinder und ihre Eltern unangenehm ist: Es ist notwendig. Denn die kindlichen Abwehrkräfte müssen trainiert und das Immunsystem gestärkt werden.
Dabei leiden die Kinder natürlich, manchmal sogar sehr. Und die Eltern leiden oft nicht weniger, wenn sie ihre Sprösslinge so krank erleben und scheinbar so wenig helfen können.

Trösten, verarzten und Zuwendung geben

Verwöhnrituale für kranke und verletzte Kinder

So wenig ist es aber gar nicht, was Sie für Ihr Kind tun können. Sie können ihm zwar nicht seine Krankheit abnehmen, aber es auf andere Weise unterstützen. Denn mit jeder Krankheit drückt ein Kind immer auch sein Bedürfnis nach besonderer Zuwendung und viel Liebe aus – geben Sie Ihrem Kind diese Extra-Portion Liebe! Verwöhnen Sie es mit liebevollen Ritualen:

▶ Bereiten Sie ihm ein besonderes Essen zu, das es sich wünscht. Vielleicht darf der kleine Patient sogar im Bett essen.

▶ Zeigen Sie Ihrem Kind Liebe und Zuwendung, indem Sie es sanft massieren, ihm vorlesen und mit ihm spielen.

▶ Es gibt auch Lieder, die bei Krankheiten besonders tröstlich sind, etwa dieses:

Heile, heile, Segen!

Heile, heile, Segen!
Sieben Tage Regen,
sieben Tage Sonnenschein.
Bald wird's wieder besser sein.

Heile, heile, Kätzchen!
Kätzchen hat vier Tätzchen.
Lege auf ein' saubern Stein
und dann heilt es ganz allein.

Heile, heile, heile!
Dauert noch 'ne Weile,
dauert noch bis Rosmarein,
dann ist lauter Sonnenschein.

▶ Wirksam ist auch das altbewährte Wegpusten von Schmerzen oder das Handauflegen – und drunter wird die Beule immer kleiner …

▶ Erklären Sie ein großes Stofftaschentuch zum Tränentuch. Das ist nur dafür reserviert, um bei Krankheit oder Schmerzen alle Tränen abzutupfen.

WICHTIG

Ausreichend Zuwendung geben

Verwöhnen Sie Ihr Kind nicht nur, wenn es krank ist, sondern auch immer wieder einmal zwischendurch – ganz »ohne Grund«. Sonst könnte es »krank werden«, um verwöhnt zu werden!

▶ Verletzte Körperteile können Sie mit einem überdimensionalen Verband oder bunt bemalten Pflastern »verarzten«: Das sind auch gute Trost-Pflaster gegen Bauchweh oder viele andere Schmerzen.

▶ Auch Kassetten helfen, den Aufenthalt im Bett erträglicher zu machen. Eine nette Alternative zu Kindermusik und Hörspielen: Älteren Kindern, die nicht schwer krank sind, aber einige Stunden allein zu Hause bleiben müssen, weil beide Eltern arbeiten, können Sie am Abend vorher eine Geschichte oder ein Märchen auf Kassette sprechen. Es wird dem Kind gut tun und ihm das Alleinsein erleichtern, wenn es Ihre vertraute Stimme und einen gesprochenen Gruß hört.

Was beim Gesundwerden hilft

▶ Vielleicht können Sie sich ja noch erinnern, was Ihre Eltern immer gemacht haben, wenn Sie krank waren. Wenn das schöne Erinnerungen sind, übernehmen Sie sie doch einfach auch für Ihre Kinder.

So wird Bettruhe erträglicher

Kasperl & Co. vertreiben die Zeit

- Kasperltheater kann Ihr Kind auch gut im Bett spielen. Vielleicht denkt es sich ja ein Stück aus und führt es Ihnen später vor.
- Suchen Sie einige Babyfotos aus Ihrer Familie zusammen (von sich selbst, Ihrem Kind, Geschwistern, Tanten, Omas ...) und lassen Sie Ihr Kind raten, wer jeweils auf dem Foto ist.
- Ihr Kind kann im Bett auch basteln oder malen. Geben Sie ihm dafür ein Tablett als feste Unterlage.
- Kinder haben oft viel Freude am Nähen. Lassen Sie Ihr Kind doch verschiedene Teile aus Stoffresten zusammennähen. Schneiden Sie beispielsweise zwei Hosen- oder Rockteile aus, die Ihr Kind zu einem Kleidungsstück für die Puppe oder ein Stofftier zusammennähen kann.
Aber auch Knöpfe aufnähen macht den meisten Kindern großen Spaß: Einem kleineren Kind geben Sie dafür eine runde Stopfnadel, mit der es sich nicht stechen kann.
- Geben Sie Ihrem Kind einige alte Zeitschriften, aus denen es »volle Teller« herstellen kann: Es schneidet »Essbares« aus und klebt es auf Pappteller. Später bekommen die Puppen oder Stofftiere das Essen serviert.

Arztbesuche ohne Angst

Immer wieder – und lieber einmal zu oft als zu wenig – werden Sie mit Ihrem Kind auch zum Kinderarzt gehen müssen.
Wenn Ihr Kind Angst davor hat, kann das mehrere Gründe haben: Häufig werden Ängste von Eltern übertragen, am stärksten noch immer die vor dem Zahnarzt. Auch wenn Eltern übergroßen Respekt vor den »Halbgöttern in Weiß« haben, spüren das Kinder und sind verunsichert. In der Fremdelphase ist die Angst vorm »Onkel Doktor« oft besonders stark, da dieser Ihrem Kind körperlich sehr nahe kommt. Die vielen Instrumente im Behandlungszimmer tun ein Übriges.

Das Stofftier als Beistand gegen die Angst

- Um Ihrem Kind die Angst zu nehmen, können Sie mit ihm zu Hause üben: Schenken Sie ihm einen Arztkoffer und verarzten Sie sich gegenseitig – am besten im weißen Kittel. Dieses Spiel eignet sich auch gut zum Verarbeiten eines Arztbesuches: Ihr Kind kann es auch mit einer Puppe oder einem Stofftier spielen. Vielen Kindern hilft es auch, wenn das liebste Spielzeug mit zum Arzt genommen werden darf.

Ängste besiegen

Angst – in Maßen ganz normal

Angst und Furcht gehören, ähnlich wie Krankheiten, selbstverständlich auch für Kinder zum Leben dazu. Eine natürliche Angst ist überlebensnotwendig: Sie schützt den Menschen davor, sich auf tödliche Gefahren einzulassen. Allerdings gibt es auch zu starke Ängste, die das Leben einengen und schließlich sogar bestimmen können (siehe Kasten unten). In diesen Fällen ist fachliche Hilfe nötig, am besten durch Psychologen.

Hat Ihr Kind dagegen Ängste, die sich in einem normalen Rahmen bewegen, die also vorübergehend sind und keine körperlichen Symptome verursachen, können Sie ihm aber sehr wohl helfen.

Davor haben Kinder Angst

Am häufigsten fürchten sich Kinder vor der Dunkelheit, vor Fremden, vor bestimmten Tieren oder vor dem Alleinsein. Meist können sich Kinder selbst helfen, indem sie am Daumen lutschen oder ein Kuscheltier umarmen. Ist die Angst aber stärker, sollten Sie Ihr Kind unbedingt ernst nehmen, auch wenn es in Ihren Augen keinen Grund zur Angst gibt. Bedenken Sie: Angst ist keine rationale, sondern eine emotionale Reaktion. Sie lässt sich also nicht wegreden oder mit einem »Reiß' dich zusammen!« verdrängen, sondern nur durch Beistand, Verständnis und Anteilnahme lindern und durch konkrete Erfahrungen überwinden.

WICHTIG

Angstsymptome, die behandelt werden müssen

Wenn Ängste zu stark werden

- wiederholte Panikattacken, in denen Ihr Kind die Fassung verliert und handlungsunfähig wird
- häufiges nächtliches Aufwachen aus Angst
- Einnässen über einen längeren Zeitraum
- häufiges Zuhalten von Augen und Ohren in entsprechenden Situationen
- unaufhörliches Anklammern an ein Kuscheltier
- Magen-Darm-Probleme ohne medizinisch erkennbare Ursachen
- Nägelkauen
- Stottern
- Essensverweigerung
- übergroße Ängstlichkeit im Kontakt mit anderen Kindern

Trostrituale

Das Wichtigste, was Ihr Kind in einer solchen Situation braucht, ist Trost und Geborgenheit, damit es sich wieder sicher und beschützt fühlen kann.

- Nehmen Sie es also auf den Schoß, umarmen sie es und kuscheln Sie mit ihm.
- Es kann auch helfen, wenn Sie ihm erzählen, wovor Sie als Kind Angst hatten. Das gibt Ihrem Kind das Gefühl, verstanden zu werden, und zeigt ihm, dass Angst etwas ganz Normales, aber auch Vorübergehendes ist.
- Hat Ihr Kind im Bett Angst vor der Dunkelheit, können Sie die Tür einen Spalt offen lassen und ein sanftes Licht im Hintergrund brennen lassen. Vielleicht setzen Sie ein großes Stofftier als Beschützer vor seine Tür oder neben sein Bett.
- Außerdem sollten Sie die Situationen, vor denen Ihr Kind Angst hat, keinesfalls meiden, sondern mit ihm gemeinsam schrittweise üben. Hat Ihr Kind beispielsweise Angst vor Hunden, so sprechen Sie mit ihm darüber und helfen Sie ihm, langsam und schrittweise seine Angst zu überwinden, ganz ohne Zwang. Nehmen Sie es an der Hand oder auf den Arm und nähern Sie sich behutsam einem lieben Hund aus der Nachbarschaft. Das klappt vermutlich nicht beim ersten Mal, aber nach einiger Zeit werden Sie Erfolg haben – vorausgesetzt, Sie haben nicht selbst Angst vor Hunden. Dann sollte jemand anderes mit Ihrem Kind üben. Es gibt nämlich auch »vererbte« Ängste, die von Eltern oder wichtigen Bezugspersonen übertragen werden.

Ängste erfolgreich überwinden

- Auch ein ständiges »Pass auf!« oder »Nimm dich in Acht!« wird ein Kind nicht mutig machen. Ebenso bringen zu viele Vorschriften, Drohungen und Verbote ängstliche Menschen hervor.

Dem Kind etwas zutrauen

TIPP!

Helfer in der Not: das Trösterchen

Ein Tuch, ein Kissen, eine Stoffwindel: Alles kann zum Trösterchen werden. Sie können Ihrem Kind aber auch ein spezielles Trösterchen basteln: Legen Sie einfach ein farbiges Seidentuch um ein kleines Wollknäuel und binden Sie das Tuch darunter zu. Ein solches Trösterchen ist oft über Jahre ein treuer Begleiter: Es kommt überall hin mit und erleichtert auch das Einschlafen.
Sie können Ihrem Kind schon ins Babybett ein Trösterchen legen. Wichtig ist aber, dass es schon benutzt sein muss, also den vertrauten eigenen Geruch oder den der Eltern an sich haben sollte. Sie sollten es auch nicht waschen. Ist das doch ab und zu nötig, setzen Sie am besten zwei Trösterchen im Wechsel ein.

Trauer ausleben

Besonders schwere Krisen durchleben Kinder, wenn ein ihnen nahe stehender Mensch stirbt. Die Konfrontation mit dem Tod ist gerade in unserer Gesellschaft besonders schwierig, da der Tod noch immer ein Tabuthema ist und es für die meisten Erwachsenen schwierig ist, sich damit auseinanderzusetzen.
Natürlich ist der Verlust eines geliebten Menschen ein schwerer Schicksalsschlag, der Menschen aus der Bahn werfen kann. Daran lässt sich nur wenig ändern. Allerdings sollte das Thema Tod weniger tabuisiert und verdrängt werden. Das Sterben im wahrsten Sinne des Wortes totzuschweigen ist das eigentliche Problem, vor allem für Kinder. Denn Trauer muss gefühlt und ausgedrückt werden dürfen – und das braucht Zeit. Je offener Sie darüber reden und gegebenenfalls Ihrem Kind auch Ihre eigene Trauer zeigen, desto eher wird auch Ihr Kind sich öffnen können und seine Gefühle nicht in sich verschließen. Denn das Verdrängen tiefer seelischer Schmerzen kann schlimme Folgen haben: Ein Kind kann sich sogar verantwortlich für den Tod eines Menschen fühlen. Um es erst gar nicht so weit kommen zu lassen, ist es am besten, das Thema Tod möglichst normal zu behandeln und Sterben als etwas Natürliches zu vermitteln. Das setzt allerdings voraus, dass Sie selbst eine entsprechende Einstellung zum Tod haben.

Sterben gehört zum Leben – Trauer auch

Sich öffnen und Gefühle zulassen

Mit Ritualen den Trauerprozess begleiten

- Trauer ist ein tiefes Gefühl: Tränen sind ein ganz natürlicher Ausdruck dafür und dürfen reichlich fließen.
- Geben Sie Ihrem Kind Gelegenheit, sich zu verabschieden, etwa bei der Beerdigung – wenn Sie Ihr Kind für reif genug halten. Wenn Ihr Kind (noch) nicht über seine Trauer sprechen kann, erzählen Sie ihm, was Sie fühlen oder in einer ähnlichen Situation gefühlt haben.

Wichtig: sich verabschieden dürfen

- Malen oder mit Handpuppen spielen kann Ihrem Kind helfen seine Trauer auszudrücken.
- Behalten Sie die Regeln und Rituale des Alltags bei, denn Ihr Kind braucht sie jetzt als wichtige Stützen, damit es erfährt, dass das Leben trotz eines schweren Verlustes weitergeht.

Den Schmerz verarbeiten

- Zeigen Sie Ihrem Kind, dass der Tod nicht gleichbedeutend mit Vergessen ist: Erinnern Sie sich gemeinsam, sehen Sie Fotos an, gehen Sie auf den Friedhof.
- Wenn ein kleines Haustier Ihres Kindes gestorben ist, beerdigen Sie es gemeinsam im Garten oder einem nahe gelegenen Park.
- Vergessen Sie nicht: Abschiednehmen braucht Zeit! Wenn Ihr Kind aber auch nach Monaten noch nicht über das Ereignis sprechen kann, sich verschließt, in sich zurückzieht und sein gesamtes Leben spürbar beeinträchtigt wird, sollten Sie professionelle Hilfe in Anspruch nehmen, damit Ihr Kind einen Weg aus seiner Trauer findet.

Ein Geschwisterchen kommt

Die Geburt eines Geschwisterkindes ist für ein Kind meist eine frohe Botschaft – aber nicht nur. In die Freude über den zukünftigen Spielkameraden mischen sich meist schnell andere Gefühle. Manche Kinder äußern auch ganz unverhohlen ihr Missfallen oder lehnen es strikt ab, ihren Thron mit jemandem zu teilen. So ernst Sie Ihr Kind auch in seinen Gefühlen nehmen sollen, Sie brauchen nicht zu verzweifeln, wenn es wüste Beschimpfungen oder gar Morddrohungen ausstößt. Das legt sich meist, wenn das Baby erst einmal da ist – allerdings legt sich große Freude in der Regel genauso schnell. Denn in der Tat erlebt Ihr Kind jetzt eine »Entthronung«: Es genießt plötzlich nicht mehr die alleinige Aufmerksamkeit seiner Eltern. Es ist verständlich, dass dies eine Reihe von Gefühlen auslöst, die jede Geschwisterbeziehung mehr oder weniger stark prägen: Neid, Eifersucht und Rivalität gehören genauso dazu wie Liebe und Fürsorge für das neue Geschwisterchen. Mit diesem Ansturm der Gefühle muss ein Kind erst einmal fertig werden. Es braucht deshalb gerade in dieser Zeit besonders viel Zuwendung – wie das Baby auch. Wenn es die nicht bekommt, reagiert es vielleicht mit Einnässen (um auch wieder ein Baby zu sein) oder mit dem Wunsch, ebenfalls wieder gefüttert zu werden.

Schwierig: Den »Thron« mit jemandem teilen

Häufig fällt dem Vater dann die Aufgabe zu, sich verstärkt um das größere Kind zu kümmern.

Auch Papa ist gefragt

In jedem Fall braucht es Unterstützung, um mit den neuen Gefühlen umgehen zu lernen. Denn mit einer Schwester oder einem Bruder bekommt ein Kind zugleich die Aufgabe, sich selbst zu behaupten und durchzusetzen, aber auch zu teilen und Konflikte zu lösen.
Die neue Rolle des großen Bruders oder der großen Schwester muss erst gelernt werden. Das fällt bestimmt leichter, wenn das »große« Kind immer wieder besonders beachtet und gelobt wird. Betonen Sie deshalb, dass Sie stolz darauf sind, was Ihr großes Kind schon alles kann. Lassen Sie es auch helfen, wenn es will: Wickeln, Füttern und Zubettbringen sind verantwortungsvolle Tätigkeiten, an denen sich das größere Geschwisterkind oft schon beteiligen kann. Und seine Puppe kann es bestimmt schon fast so gut versorgen wie Sie das Geschwisterchen. Lassen Sie Ihr »Großes« aber auch manchmal einfach nochmal Ihr Baby sein: Füttern Sie es wie das Kleine und lassen Sie es aus der Flasche trinken.

TIPP!

Eifersucht – manchmal auch eine Altersfrage

Wenn Sie den Altersabstand zwischen ihren Kindern planen möchten: Viele Psychologen halten einen Abstand von rund vier Jahren zwischen den Geschwistern für besonders günstig – was die Eifersucht betrifft. Dann konkurriert das größere Kind nämlich in der Regel weniger um die Aufmerksamkeit der Eltern als ein jüngeres Kind: Es hat meist schon wichtige Kontakte im Kindergarten geknüpft und außerdem ist seine Trotzphase schon vorbei.
Aber den »idealen« Altersabstand gibt es natürlich nicht. Denn über die spätere Beziehung zwischen den Geschwistern sagt er nichts aus.

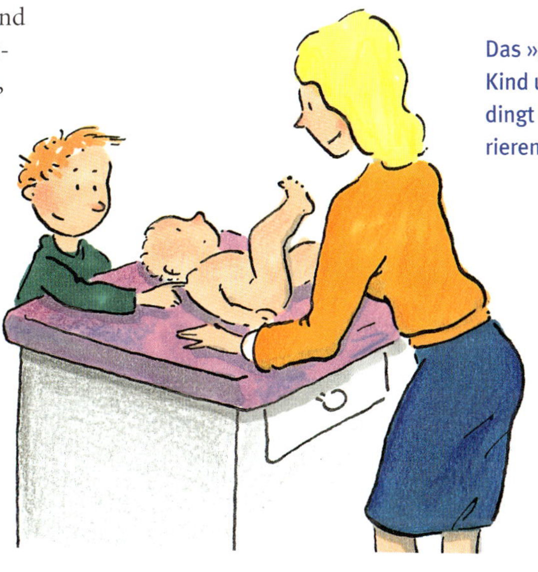

Das »große« Kind unbedingt integrieren

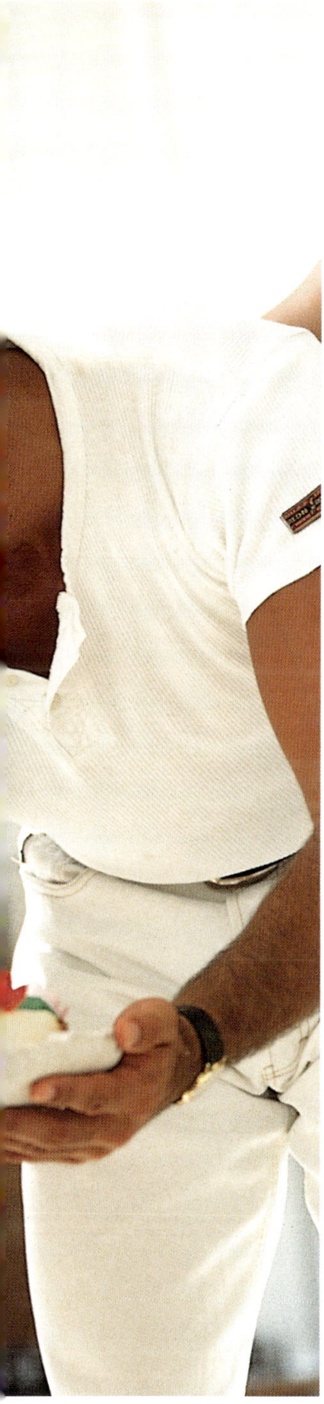

Rituale für besondere Zeiten

Im Leben eines Kindes gibt es immer wieder Ausnahmesituationen, Besonderheiten oder Herausforderungen, denn es durchläuft in kurzer Zeit viele Entwicklungsphasen, die manchmal auch mit Krisen einhergehen können. Rituale helfen in solchen Phasen, weil sie dem Kind zeigen, dass lieb Gewonnenes erhalten bleibt. So kann es neue Schritte mutig meistern.
Neben solch schwierigen Zeiten erleben Kinder oft auch besonders schöne: Die Jahreszeiten mit ihren feierlichen Höhepunkten wie Fasching, Ostern und Weihnachten – und natürlich ihren Geburtstag! Auch diese Feste werden erst durch Rituale zu unvergesslichen Ereignissen.

Den Weg ins Leben erleichtern

Ob Kindheit, Jugend oder Erwachsenendasein: Das Leben verläuft in verschiedenen Phasen, die einander ablösen oder sich überschneiden. Besonders Kindern geht es so: Kaum hat ein Baby das Krabbeln und schließlich die ersten Schritte gemeistert, schon muss es als Kleinkind lernen, mit seinem eigenen Willen zurechtzukommen, die Windel loszukriegen oder erste Trennungen von den Eltern zu verkraften. Auch in den folgenden Jahren durchläuft es viele Entwicklungsschritte, die nicht selten zu Krisen führen. Denn zu einer Entwicklung gehört immer, Neues zu lernen und anzunehmen und dafür Vertrautes aufzugeben. Das fällt nicht nur Kindern schwer, sondern auch noch Erwachsenen. Kinder jedoch müssen in kurzer Zeit eine Vielzahl von Entwicklungsphasen durchlaufen und nicht selten regelrechte Schübe verkraften. Auch ein aufgewecktes und lernbegieriges Kind braucht da verständlicherweise viel Unterstützung, vor allem von den Eltern.
Aber nicht selten fühlen auch die sich in solchen Zeiten überfordert und wissen nicht so recht, ob und wie sie ihren Kleinen helfen können. Das ist nur allzu verständlich: Denn abnehmen können Sie Ihrem Kind die Krisen so wenig wie Krankheiten. Aber Sie können ihm helfen, diese schwierigen Zeiten durchzustehen, indem Sie es trösten und unterstützen, ihm Zuversicht und Verständnis entgegenbringen. Und bei all dem sind Rituale wieder wertvolle Helfer.

Hilfreich zur Seite stehen

Schritt für Schritt

Die großen Übergänge des Lebens – vor allem Geburt, Jugend, Erwachsenenalter, Heirat und Tod – werden in allen Kulturen gefeiert und mit besonderen Ritualen begleitet. Aber daneben durchleben Kinder noch eine Reihe »kleinerer« Übergangsphasen wie die Umstellung von der Muttermilch auf feste Nahrung oder von der Windel aufs Töpfchen. Ihr Kind muss sich jetzt aus der engen Beziehung zu Ihnen lösen und entdeckt mehr und mehr sein Selbst-Bewusstsein. Dazu gehören auch die wichtigen Schritte nach draußen: in den Kindergarten und die Schule.

Wenn ein Baby kommt

Um Ihrem Kind bei der Ankunft in unserer Welt zu helfen, können Sie schon in der Schwangerschaft kleine Rituale einführen, die Sie nach der Geburt beibehalten. So schaffen Sie etwas Vertrautes, das Ihrem Kind den Übergang erleichtern wird.

Die Sinne Ihres Babys sind schon sehr früh entwickelt. So wird der Herzschlag der Mutter als vertrauter Rhythmus in der ganzen zweiten Schwangerschaftshälfte wahrgenommen. Und im achten Monat kann ein Baby die Stimme der Mutter sogar schon von der aller anderen unterscheiden.

Kontakt zum Ungeborenen aufnehmen

Allererste gemeinsame Rituale

Nutzen Sie diese Fähigkeiten, indem Sie schon mit Ihrem Baby im Bauch eine Beziehung aufnehmen. Wenden Sie sich Ihrem Kind gedanklich zu, sprechen Sie mit ihm, streicheln Sie es über Ihren Bauch und baden Sie regelmäßig mit Ihrem Kind – so wie Sie es nach der Geburt ja auch tun werden. Diese kleinen Rituale entspannen Mutter und Kind und vertiefen die Beziehung. Außerdem kommt Ihr Kind ja aus dem Wasser, es ist sein vertrautes Element.

▶ Sie können ihm auch eine schöne Musik vorspielen, die es ab dem sechsten Monat gut wahrnehmen kann. Am besten eignet sich ruhige klassische oder Entspannungsmusik. Sie können sogar schon ein Beruhigungs- oder Schlafritual aufbauen, indem Sie jeden Abend etwa um die gleiche Zeit gemeinsam ruhen. Am besten eignet sich dafür Ihr künftiger Stillplatz, an dem Sie beide ganz allein sind. Denken Sie dabei intensiv an Ihr Baby, sprechen Sie innerlich oder

Schon die Kleinsten lieben Mozart

tatsächlich mit ihm und streicheln Sie Ihren Bauch. Sie können dabei auch eine Spieluhr laufen lassen, die Ihr Baby nach der Geburt mit in sein Bett bekommt. Untersuchungen haben gezeigt, dass dieses vorgeburtliche Ritual später dem Neugeborenen vertraut ist und ihm deshalb besonders schnell zur Ruhe verhilft.

▶ Ähnlich funktioniert ein Schaffell oder eine Babydecke:

Zum Kuscheln: Decke oder Fell

Wenn Sie Ihren ganz eigenen Geruch gut »einarbeiten«, wird Ihr Baby sich nach der Geburt darin fast so wohl fühlen wie an Ihrem Körper. Legen Sie sich in der Schwangerschaft so oft wie möglich auf das Fell oder die Decke. Waschen ist tabu. Das ist aber bei einem Schaffell auch nicht nötig, reinigen Sie es einfach mit einem feuchten Tuch.
Ist Ihr Baby dann da, legen Sie es zum Schlafen oder Trösten auf das Mama-Fell und wickeln es etwas darin ein. Erst wenn Ihr Kind schläft, breiten Sie das Fell aus. Ein Schaffell hat auch die ideale Größe: Ihr Baby fühlt sich darin nicht so verloren wie in einem Bett. Und Sie können es problemlos überall hin mitnehmen!

▶ Auch das Trösterchen (siehe Seite 54) können Sie schon während der Schwangerschaft vorbereiten.

Willkommen, kleiner Mensch!

Die Geburt eines Kindes ist ein großartiges Ereignis und natürlich ein wichtiger Anlass für ein feierliches Willkommensritual. Traditionell wird in unserer christlich abendländischen Kultur eine kirchliche Taufe gefeiert, im Kreis der Familie und enger Freunde, mit Taufpaten und einem festlichen Essen nach der kirchlichen Feier.
Heute entschließen sich aber immer mehr Menschen gegen das kirchliche Aufnahmeritual, weil sie mit der Kirche »nichts mehr am Hut haben«.

Individuelle oder traditionelle Begrüßung für Ihr Baby

Deshalb muss man aber natürlich nicht auf ein Willkommensritual

verzichten, wenn ein Baby geboren ist. Allerdings erfordert es noch reichlich Phantasie und auch ein wenig Mut, ein ganz persönliches Ritual zu entwickeln, denn feste Alternativen zur Taufe haben sich noch nicht herausgebildet.

Aber vielleicht haben Sie ja in Ihrem Freundeskreis schon einmal ein solch individuelles Geburtsfest erlebt, von dem Sie hilfreiche Anregungen bekommen haben. Oder sie suchen sich schöne Symbole, um Ihr Kind willkommen zu heißen. Schaffen Sie etwas Bleibendes, das Ihr Kind auf seinem Lebensweg begleiten kann.

Anregungen suchen

Feierliches Geburtsfest

Hier finden Sie einige Vorschläge und Anregungen, wie ein ganz individuelles Willkommensfest für Ihr Baby aussehen könnte.

- Laden Sie Familie, Freunde und vor allem viele Kinder ein – machen Sie aus diesem Fest sozusagen den ersten Kindergeburtstag. Die Kinder stehen im Mittelpunkt.
- Jedes Kind darf für das Baby ein Bild malen. Die Erwachsenen dürfen ihre Wünsche für den neuen Erdenbürger in ein schönes Geburtsbuch schreiben, in das später auch die Fotos des Festes geklebt werden.

Ein Fest mit Kindern

- Stellen Sie auf dem Fest Ihr Baby offiziell Ihrer Familie und Ihren Freunden vor: Erzählen Sie, wann Sie sich ein Kind gewünscht haben, wie Sie die Schwangerschaft erlebt und einen Namen gefunden haben. Sprechen Sie vor allem auch Ihre Wünsche und Hoffnungen für Ihr Kind aus. Jeder Gast darf Ihrem Baby etwas wünschen, das es in seinem Leben begleiten soll.
- Pflanzen Sie zur Geburt Ihres Kindes ein Bäumchen im Garten. Wenn Sie keinen eigenen Garten haben, fragen Sie doch einfach Verwandte oder Freunde, ob Sie in deren Garten das Bäumchen pflanzen dürfen. Das Geburtsbäumchen wächst gemeinsam mit Ihrem Sohn oder Ihrer Tochter. Sie können es regelmäßig zusammen besuchen und schauen, wer schneller wächst.

Schönes Symbol: ein Bäumchen

Für eine schöne Stillzeit

Stillen ist viel mehr, als seinem Kind die optimale Nahrung zu geben: Wie der Begriff schon sagt, wird das Baby – und die Mutter – still, innerlich zufrieden. Ihr Kind tankt neben der Nahrung noch seelische Geborgenheit, es wird rundum genährt durch den Ein-Fluss von Milch und Liebe. Und das umso stärker, je mehr Sie sich darauf konzentrieren, ohne nebenher zu telefonieren, zu lesen oder sich zu unterhalten. So zeigen Sie Ihrem Kind auch, wie willkommen es ist und wie ernst Sie es nehmen. Zudem sorgt das Stillen, sobald es eingespielt ist, für einen strukturierten Tagesablauf, der die Schlaf- und Wachphasen immer berechenbarer macht.

Gibt Sicherheit und strukturiert den Tag: Stillen

TIPP!

Stillen – am Tag und in der Nacht

Wenn Sie den »gemütlichen Rahmen« rund ums Stillen auf den Tag beschränken und Ihrem Kind nachts ohne dieses Ritual die Brust geben, lernt Ihr Baby schneller, zwischen Tag und Nacht zu unterscheiden.

Stillen als schönes Ritual

Das Stillen kann für Sie und Ihr Baby zu einem besonderen Ritual der Zweisamkeit werden, für das nur Sie zwei sich treffen, an einem angestammten Platz die Ruhe und Nähe genießen und in dieser Symbiose Glück finden. Schon in den ersten Wochen kann Ihr Baby einen sehr intensiven Blickkontakt zu Ihnen aufnehmen. Es wird Sie ansehen, und wenn Sie ganz bei Ihrem Baby sind, entsteht so schnell eine intensive Beziehung.

Einen geeigneten Platz finden

Ihr Baby wird den Stillplatz auch bald erkennen und wissen: Sein Hunger nach Nahrung und Liebe wird jetzt gestillt, es kommt in dieser Zeit, die nur Ihnen beiden gehört, voll auf seine Kosten.

Wenn Sie den Stillplatz im Babyzimmer einrichten, akzeptiert das Kind sein Zimmer oft leichter, weil es liebevolle Assoziationen damit verbindet. Das hilft ihm oft auch, nachts gut in seinem Bettchen zu schlafen.
Selbstverständlich werden Sie auch immer wieder mal unterwegs stillen. Das ist ja gerade das Praktische am Stillen, dass Sie die Nahrung immer dabeihaben.
Und Ihr Ritual können Sie zum Teil auch woanders durchführen.

So wird das Abstillen leichter

Verständlich, dass oft beide Seiten, Mutter und Kind, diese Symbiose nur ungern trennen. Deshalb soll das Lösen dieser innigen Mutter-Kind-Beziehung auch ganz behutsam erfolgen.
Das Abstillen ist eine Übergangsphase von der Muttermilch auf andere Nahrung. Ersetzen Sie also nach und nach eine Tagesmahlzeit. Wenn es schwierig ist, versuchen Sie doch, Ihr Kind auf dem angestammten Stillplatz zu füttern – damit sich für Ihr Baby nicht alles Vertraute und lieb Gewonnene auf einmal ändert.

Das hilft beim Entwöhnen

Viele Babys suchen sich dann auch einen Ersatz, indem sie am Daumen lutschen. Sie können Ihrem Kind aber auch einen Schnuller anbieten, damit es weiterhin etwas zum Saugen hat. Auch das Trösterchen (siehe Seite 54) tut jetzt gute Dienste.

Können den Übergang erleichtern: Schnuller oder Flasche

Das Entwöhnen wird Ihrem Baby zudem leichter fallen, wenn es schon auf andere bekannte Rituale vertrauen kann, also zum Beispiel weiß: »Wenn ich Hunger habe und weine, kommt Mama, nimmt mich auf den Arm und tröstet mich. Dann setzt sie sich mit mir auf den Sessel und füttert mich (zuerst mit der Brust und später aus dem Gläschen).«
Wenn es Ihrem Baby trotzdem noch schwer fällt, auf das geliebte Stillen zu verzichten, sollten Sie das schöne »Drumherum« weglassen. So ist Stillen für größere Kinder meist nur wenig attraktiv. Allerdings sollten Sie die Intimität und den intensiven Körperkontakt ersetzen.

TIPP!

Genug Streicheleinheiten geben

Die Nähe und den Körperkontakt der Stillzeit können Sie während des Abstillens Schritt für Schritt durch andere »Kuschelrituale« ersetzen: Vielleicht darf Ihr Kind morgens oder abends eine Extrarunde mit Ihnen im Bett kuscheln oder die Mittagsruhe wird mit einem entsprechenden Ritual verbunden.

Von der Windel aufs Töpfchen

Oft entstehen die ersten Kämpfe zwischen Eltern und Kindern in der Phase des Sauberwerdens. Die Eltern möchten, dass das Kind endlich die Windeln los – wird, und das Kind entdeckt, dass es auch »Nein!« sagen kann. Diese Phase fällt mit der Trotzphase (siehe Seite 68 ff.) zusammen. Trotzdem muss das Sauberwerden kein Kampf sein: Gelassenheit ist jetzt am wichtigsten. Bedenken Sie in jedem Fall, dass Ihr Kind erst einen bestimmten Reifegrad erreicht haben muss, bevor Sie mit dem Töpfchenritual beginnen (siehe Kasten rechts).

WICHTIG

Bitte nicht »drängeln«!

Erst im Alter von etwa 18 Monaten ist das kindliche Gehirn in der Lage, eine volle Blase zu melden. Die anderen nötigen Fähigkeiten, um auf die Toilette oder den Topf zu gehen, sind aber zu diesem Zeitpunkt noch nicht ausgebildet!

So klappt das Sauberwerden

Wirklich Gedanken müssen Sie sich aber erst machen, wenn Ihr Kind mit vier Jahren noch nie »sauber« war oder mit sechs Jahren nachts noch nicht trocken ist. Fragen Sie in dem Fall Ihren Kinderarzt um Rat.

Ohne Zwang aufs Töpfchen

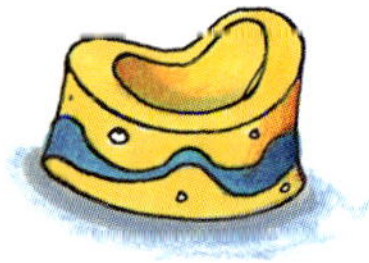

Natürlich können Sie Ihr Kind aber auch aktiv beim Sauberwerden unterstützen. Am besten, indem Sie keinen Druck ausüben und keine Erwartungen äußern. Am einfachsten geht es meist, wenn Sie darauf achten, wann Ihr Kind zu drücken beginnt. Oft geschieht das nämlich täglich etwa zur selben Zeit. Dann können Sie mit ihm auf die Toilette gehen und es ermutigen, sich auf den Topf zu setzen. Eine andere Möglichkeit ist, Ihrem Kind einfach zu zeigen, wie es die Großen machen – denn groß werden will es bestimmt auch. Nehmen Sie es mit auf die Toilette und stellen Sie daneben ein Töpfchen, auf das es sich setzen kann – aber nur, wenn es selbst möchte! Vielleicht will es ja lieber auch auf die Toilette und es Ihnen nachmachen – warum nicht? Dafür gibt es schließlich Kloeinsätze! Wenn es aber all das nicht will, dann eben (noch) nicht!

Verschiedene Möglichkeiten

Ungeeignete Rituale

Messen Sie dem Sauberwerden keine zu große Bedeutung bei. Denn die Umstellung läuft meist ganz von selbst, wenn die Umgebung dem kein übertriebenes Interesse beimisst. Lassen Sie das »große Geschäft« auf keinen Fall zum Geschenk für die Eltern werden, das schon sehnsuchtsvoll erwartet wird. Denn dann könnte sich Ihr Kind sehr gut überlegen, ob es etwas hergeben oder lieber behalten will. Damit kann der Topf zum Thron werden, von dem aus das Kind regiert. Solche »Töpfchen-Rituale« sind daher denkbar ungeeignet.

Einfach abwarten

Im Sommer geht's fast von selbst

Wenn es mit dem Sauberwerden noch nicht klappt, sollten Sie auch nicht den Eindruck vermitteln, Ihr Kind könnte nicht leisten, was Sie von ihm erwarten. Sonst gibt es vielleicht seine Versuche frustriert auf und sein Selbstvertrauen ist angeknackst. Tadeln Sie deshalb Ihr Kind auf keinen Fall, wenn es nicht klappt, aber loben Sie es, wenn es Erfolg hat – ohne zu übertreiben: »Das ist aber schön! Siehst du, jetzt bist du schon so groß, dass du das auch schon kannst.«

Gewohnheiten überprüfen

Wenn Ihr Kind so gar nicht aufs Töpfchen will, könnte auch etwas anderes dahinter stecken. Vielleicht erfährt es beim Wickeln besonders viel liebevolle Zuwendung, auf die es nicht verzichten will. Dann sollten Sie, ähnlich wie beim Abstillen, auf das schöne Drumherum verzichten. Gestalten Sie stattdessen das Wickeln nüchtern und bauen Sie die Zuwendung an anderer Stelle ein (siehe auch Seite 65). Dann könnte es auch bald mit dem Töpfchen klappen.

TIPP!

Nackt durch den Sommer

Der Sommer eignet sich am besten zum Trockenwerden. Wenn das Kind nackt im Garten oder am See herumläuft, spürt es den Urin und empfindet das meist als unangenehm. Es wird dann von allein kommen und auf die Toilette wollen. Ein kleines Töpfchen können Sie ja in den Garten stellen oder in einer Tüte mitnehmen.

Kleine Trotzköpfe brauchen Rituale

Die so genannte Trotzphase stellt hohe Ansprüche an die Nerven der Eltern, vor allem aber an das Kind selbst: Es muss viele wichtige Entwicklungsschritte leisten und braucht dabei eine Menge Unterstützung.

Am besten können Sie Ihrem Kind helfen, wenn Sie wissen, warum es sich in dieser Zeit so verhält – und entsprechend reagieren. Dann muss die Trotzphase – auch »kleine Pubertät« genannt – nicht zur ersten großen Krise im Kinderleben werden, sondern kann für alle Beteiligten schön und Gewinn bringend verlaufen.

Warum ein Kind trotzen muss

Zwischen dem zweiten und vierten Lebensjahr entdeckt ein Kind seine eigene Persönlichkeit und seinen eigenen Willen. Es sagt »ich« statt wie bisher seinen Vornamen, wenn es von sich selbst spricht. Und es sagt auch deutlich »Nein!«. Kombiniert heißt das dann oft: »Nein, ich will nicht!« Mit dieser neuen Entdeckung kann ein Kind aber noch nicht umgehen, und deshalb sagt es dies auch bei jeder unpassenden Gelegenheit, sogar wenn es etwas angeboten bekommt, das es bisher immer gern getan hat.

Normaler und nötiger Entwicklungsschritt

Da der neue Drang zur Selbstbestimmung und -behauptung auf äußere Widerstände stößt und immer wieder gebremst wird, versucht das Kind, seinem Willen Nachdruck zu verleihen. Es wird aufsässig, bockig, bis es schließlich ganz die Fassung verliert und einen Wutanfall bekommt: Es

WICHTIG

Lernaufgaben in der Trotzphase

Das Kind muss lernen, ...

- seinen Willen zu üben und sich durchzusetzen
- dass es sowohl gewinnt als auch verliert
- dass es mit Trotz allein nichts erreicht
- dass berechtigte Wünsche sehr wohl berücksichtigt und erfüllt werden, wenn sie entsprechend mitgeteilt werden
- Rücksicht zu nehmen
- Kompromisse zu schließen
- mit seiner Wut umzugehen
- dass es verlässliche Grenzen gibt
- dass es neben der eigenen Person auch andere Menschen mit Wünschen gibt, die respektiert werden wollen

wirft sich auf den Boden, schreit und schlägt um sich, strampelt und tobt, manchmal bis es keine Luft mehr bekommt. Da es noch nicht gelernt hat, seine Gefühle zu kontrollieren (dazu durchlebt es ja diese Phase), gehen diese hemmungslos mit ihm durch.

Was tun bei Wutausbrüchen?

Vor allem braucht Ihr Kind jetzt eine extra Portion Verständnis und Geborgenheit, denn es ist in einer wirklich schwierigen Phase!

- Schimpfen Sie nicht mit Ihrem Kind und bestrafen Sie es nicht, denn es steckt kein böser Wille dahinter. Vielmehr fehlen ihm noch die passenden Worte. Vielleicht hilft es Ihrem Kind ja, wenn Sie sie aussprechen: »Du bist ganz schön wütend, weil …« oder »Es ärgert dich jetzt sicher sehr, dass …«

Lästig, aber unvermeidlich: Wutanfälle

TIPP!

Die richtigen Worte finden

Vermeiden Sie Sätze mit »Du sollst…« oder »Du musst …« – diese Worte provozieren und wecken Widerstände!
Sagen Sie statt: »Du musst jetzt zu malen aufhören, weil wir essen« lieber: »Wir essen jetzt.« Und kündigen Sie es rechtzeitig an: »Du darfst dein Bild noch fertig malen, dann essen wir.«

- Am besten warten Sie möglichst gelassen ab, bis der Wutausbruch zu Ende ist. Vielleicht halten Sie Ihr Kind fest und trösten es. Nehmen Sie es auf jeden Fall ernst.
- Seien Sie freundlich, aber bestimmt. Es geht keinesfalls darum, den Willen Ihres Kindes zu brechen! Sie müssen nicht jeden Machtkampf austragen. Fragen Sie sich immer wieder »warum« und »wozu«, und ob es wirklich noch um die Sache geht.
- Wenn Sie ein Verbot aussprechen, begründen Sie es, damit Ihr Kind merkt, dass Sie nicht willkürlich entscheiden. Aber prüfen Sie auch die Wünsche Ihres Kindes: Vielleicht sind sie ja berechtigt. Setzen Sie aber auch Grenzen, wenn Sie es für richtig halten.
- Schließen Sie Kompromisse: Das ist meist die beste Lösung für beide. Denn wenn Ihr Kind

Nur sinnvolle Verbote und Regeln durchsetzen

mitentscheiden und auswählen kann, fühlt es sich ernst genommen und kann auch ein Nein besser akzeptieren. Wenn Ihr Kind beispielsweise beim Essen oder bei der Kleidung aus einem Angebot wählen kann, hat es meist schon das Gefühl, selbst entschieden zu haben – und darum geht es ja.

▶ Versuchen Sie es immer wieder spielerisch – wenn sich Ihr Kind nicht beim Anziehen helfen lassen will, schlagen Sie ihm vor: »Komm, wir spielen, dass du noch ein Baby bist und dich noch nicht allein anziehen kannst.« Vielleicht lässt es sich dann helfen. Oder möchte es nicht gekämmt werden? Dann spielen Sie doch Friseur: »Du darfst mich kämmen und ich dich!«

TIPP!

Die Wut rauslassen

Es gibt viele Möglichkeiten, wie Kinder ihre Wut austoben können:

- Bettdecke
- Sitzkissen mit Styroporperlen
- Boxsack (eine lohnende Anschaffung, wenn Sie mehrere Kinder haben!)
- großer Teddy mit dickem Fell
- Hefeteig, Ton oder nasser Sand
- sportliche Betätigung
- Manche Kinder toben oder tanzen ihre Wut auch gern heraus.

WICHTIG

Was Sie vermeiden sollten

- Lachen Sie Ihr Kind niemals aus, wenn es einen Wutanfall hat.
- Schreien Sie nicht dagegen an.
- Schimpfen oder drohen Sie nicht.
- Drohen Sie keinesfalls mit Liebesentzug.
- Seien Sie nicht nachtragend.

Das Wichtigste für Ihr Kind ist mit seiner Wut umgehen zu lernen, ohne andere mit Worten und Taten zu verletzen. Es muss begreifen, dass die Wut an sich in Ordnung ist und dass ein anderer zwar der Auslöser seiner Wut sein kann, aber nicht daran schuld sein muss. Vielmehr ist es die Wut, die es überwältigt.

▶ Bei allem Verständnis: Sie müssen nicht alles erdulden! Aber zeigen Sie Ihrem Kind Wege aus seiner Wut: »Ich verstehe, dass du wütend bist, aber das ändert nichts daran, dass du dies oder jenes akzeptieren musst. Komm, wir gehen in dein Zimmer, dort kannst du machen, was du willst, bis deine Wut vorbei ist.«

Über die Gründe sprechen

▶ In jedem Fall sollten Sie mit Ihrem Kind nach einem Wutanfall in Ruhe darüber reden und gemeinsam überlegen, warum es so wütend war und wie es sich besser damit umgehen lässt. Vielleicht finden Sie so gemeinsam neue Rituale.

Erste Abschiede ...

In den ersten drei bis vier Lebensjahren verbringen viele Kinder die meiste Zeit in der Familie. Es gibt in der Regel nur kurze Trennungsphasen, und das Spiel mit anderen Kindern ist meist noch zurückhaltend und findet in der vertrauten Anwesenheit von Mutter oder Vater statt. Das ändert sich allerdings spätestens, wenn das Kind in der Trotzphase ist (siehe Seite 68 ff.): Es beginnt jetzt nämlich, Selbst-Bewusstsein zu entwickeln und wird dadurch immer selbstständiger. Jetzt will Ihr Kind die Welt erobern – erst einmal natürlich in kleinen Schritten. Denn das Abschiednehmen fällt den meisten Kindern noch ganz schön schwer! Aber zum Glück gibt es ja danach immer auch ein Wiedersehen mit einer freudigen Begrüßung. Das macht Ihrem Kind die noch ungewohnte Trennung leichter.

Das Wiedersehen »feiern«

Scheiden tut weh

So groß sein Freiheitsdrang auch ist, Ihrem Kind wird es am Anfang immer schwer fallen, von Ihnen Abschied zu nehmen. Denn nirgendwo fühlt es sich so sicher wie zu Hause bei den Eltern. Und ein wenig spielt auch immer die Angst mit, vielleicht doch nicht abgeholt zu werden. Diese Angst lässt aber nach, wenn Ihr Kind immer wieder die Erfahrung macht, dass es sich auf die Eltern verlassen kann – und dass es auch bei anderen Menschen Sicherheit und Trost findet. Deshalb sollte das Loslösen von den Eltern nicht abrupt mit dem Eintritt in den Kindergarten beginnen. Vielmehr ist es sinnvoll, wenn Sie schon vorher »üben«.

Neue Bezugspersonen finden

Abschiedsrituale

- Üben Sie die Trennungssituation zuerst nur für kurze Zeiten, etwa zum Einkaufen oder für eine Spazierfahrt mit der Oma.
- Führen Sie ein kleines Abschiedsritual ein: Nehmen Sie Ihr Kind auf den Arm, geben Sie ihm einen dicken Kuss, setzen Sie es in den Wagen und geben Sie ihm

Kleine Stellvertreter

etwas von sich mit, vielleicht ein Halstuch, einen Stein, eine Dose oder ein kleines Stofftier, das Ihnen gehört und nur für die Zeit der Trennung eingesetzt wird. Solche Gegenstände geben Ihrem Kind viel Sicherheit, vor allem auch später im Kindergarten, wenn es länger von Ihnen getrennt ist. Wichtig ist vor allem, dass das Abschiedsritual immer gleich abläuft.

- Sie können sich auch etwas Besonderes ausdenken, das in Ihrer Familie zum Abschiedsritual wird, vielleicht gibt es immer einen Nasenkuss wie bei den Eskimos oder kleine Küsschen auf Nase, Mund, Wangen, Stirn, Augen, Kinn und Ohren – natürlich immer in der gleichen Reihenfolge!
- Oder es gibt ein Abschiedsbriefchen: Stecken Sie ein kleines Zettelchen mit einem Bild oder später lieben Worten darauf in die Jackentasche Ihres Kindes. Das darf es dann später, wenn Sie außer Sichtweite sind, herausnehmen.

Sie sollten sich ausreichend Zeit für den Abschied nehmen, aber ihn auch nicht endlos ausdehnen. Denn manchmal fällt der Abschied den Eltern noch schwerer als den Kindern. Und wenn Kinder dies spüren, werden sie verunsichert und fangen an zu »klammern«.

Begrüßungsrituale

Zeigen Sie Ihrem Kind auch, dass auf jedes »Auf Wiedersehen!« ein »Herzlich Willkommen!« folgt. Gestalten Sie nach jeder Trennung eine fröhliche Begrüßung, auf die sich Ihr Kind richtig freuen kann. Vielleicht darf es in Ihre Arme laufen oder Sie drehen sich gemeinsam. Dann darf Ihr Kind Ihnen den Trennungsgegenstand überreichen, den es ja jetzt nicht mehr braucht. Vielleicht wiederholen sich auch die liebevollen Gesichtsküsschen vom Abschiedsritual in umgekehrter Reihenfolge …

Freudiges Wiedersehen

Machen Sie in jedem Fall auch aus dem Wiedersehen ein kleines, immer wiederkehrendes Ritual. Denn damit und mit einem verlässlichen und pünktlichen Abholen wird Ihr Kind die nötige Sicherheit gewinnen, um auch beim nächsten Mal wieder ohne große Angst »Tschüss!« zu Ihnen zu sagen.

TIPP!

Schon morgens den Tag planen

Kindern fällt der Abschied am Morgen leichter, wenn sie wissen, was es zum Mittagessen gibt oder was nachmittags auf dem gemeinsamen Programm steht. Sprechen Sie am besten schon beim Frühstück darüber (siehe auch Seite 25 f.)!

Im Kindergarten

Der Eintritt in den Kindergarten ist für Kinder wie Eltern ein wirklich großer Schritt nach draußen. Denn nun geht das Kind regelmäßig für einen längeren Zeitraum in eine »andere Welt«.

Der richtige Zeitpunkt

Übrigens: Wenn es irgend möglich ist, sollten Sie Ihr Kind nicht zeitgleich zur Geburt eines Geschwisterchens im Kindergarten anmelden. Die Eifersucht wird dadurch größer und das »Große« fühlt sich »weggeschickt«. Es ist besser, zwei so einschneidende Phasen nacheinander stattfinden zu lassen.

Gut vorbereiten

Damit der Übergang nicht zu abrupt ist, hilft beiden Seiten eine gute Vorbereitung. Sehen Sie sich die Einrichtung gut an, bevor Sie Ihr Kind anmelden. Danach gehen Sie mit Ihrem Kind gemeinsam zum »Gucken«. Vereinbaren Sie mit den Erzieherinnen Probestunden oder -tage – die bietet inzwischen fast jede Kindertagesstätte an. Bilderbücher zum Thema (siehe Anhang, Seite 94) und vor allem Erzählungen von älteren Kindern im Bekannten- und Verwandtenkreis können Freude auf den Kindergarten machen. Wenn die Kleinen hören, wie lustig und spannend es dort zugeht, werden sie bald neugierig. Kaufen Sie dann noch gemeinsam die Kindergartentasche und die Hausschuhe, wird es Ihr Kind kaum mehr erwarten können.

Außerdem erleichtert es den Übergang, wenn Ihr Kind am Anfang regelmäßig, aber nicht zu lange im Kindergarten bleibt. Wichtig ist auch, dass Sie deutlich machen, dass es völlig in Ihrem Sinn ist, dass Ihr Sprössling jetzt in den Kindergarten geht.

Zahlreiche Anregungen und viele Spielkameraden

Schließlich wird Ihr Kind dort in der Tat eine Menge erleben und lernen, was Sie ihm zu Hause gar nicht bieten können. Es kann soziale Spielregeln und Gruppenverhalten einüben, das heißt mit anderen umzugehen, sich zu behaupten, aber auch, sich in eine Gruppe einzufügen. Es muss lernen, Konflikte auszutragen, und es wird insgesamt selbstständiger und unabhängiger von zu Hause.

Zudem bekommt es eine Menge gezielte pädagogische Anregungen. Es gibt viele sportliche Möglichkeiten, man kann basteln, singen, werken, musizieren und malen – ein großes Angebot! Außerdem bekommt Ihr Kind mit der Erzieherin eine neue Bezugsperson, die oft gleich nach den Eltern kommt und gern als Vorbild genommen und nachgeahmt wird. Aber kein Grund zur Eifersucht: Sie ist keine Rivalin für Sie, sondern eine echte Bereicherung für Ihr Kind!

Viele neue Spielideen

Ab heute schon ein Schulkind

Viele Erwachsene behaupten, mit dem Schuleintritt beginne der »Ernst des Lebens«. Das stimmt sicher nur zum Teil, denn gerade zu Beginn der Grundschule läuft vieles zum Glück noch sehr spielerisch ab. Und die meisten Kinder gehen ja auch gern zur Schule. Und ernst genommen haben sie den Kindergarten auch schon. Auf der anderen Seite ist die Schule tatsächlich keine freiwillige Veranstaltung mehr, und Leistungen, Selbstverantwortung und Pflicht lösen das reine Spiel ab. Das muss nicht grundsätzlich negativ sein. Wenn aber der Leistungsdruck zu groß wird und die Erwartungen der Eltern nicht mehr erfüllt werden können, fangen Kinder an, unter der Schule zu leiden.
Oft erleben Kinder die Schule aber auch als positive Herausforderung, die ihnen Freude bereitet. Und sie wachsen mächtig an ihren neuen Pflichten.
Außerdem gewinnen sie neue Freunde und eine neue Bezugsperson – die sie allerdings oft mit 30 anderen Kindern teilen müssen, was manchen schwer fällt.

Abschied von der Vorschulzeit

Ein schönes Ritual, das den Wendepunkt von der Vorschul- zur Schulzeit markiert, ist ein Abschiedsfest im Kreis der Kindergartenfreunde. Das heißt nicht, dass Ihr Kind diese Freunde nicht mehr sehen soll. In der Tat ist es aber meist so, dass nur wenige in die gleiche Schule oder Klasse gehen werden wie Ihr Kind, und dass dann oft nicht genug Zeit bleibt, die Kontakte aus dem Kindergarten weiter zu pflegen.
Ein solches Abschiedsfest bietet in jedem Fall noch einmal die Gelegenheit, die Kindergartenfreunde zu treffen und die Lieblingsspiele aus dieser Zeit noch einmal gemeinsam zu erleben.

Sich von Vergangenem verabschieden

Schöne Erinnerungen

▶ Zur Vorbereitung auf das Fest, das am besten am Tag vor Schulbeginn stattfindet, lassen Sie noch einmal die gesamte Kindergartenzeit mit Ihrem Kind Revue passieren: Was hat Ihr Kind im Kindergarten am liebsten gespielt und was hat es besonders gemocht? Dazu können auch bestimmte Mal- oder Basteltechniken gehören oder Lieblingslieder. Mit diesen Erinnerungen können Sie gemeinsam das Fest gestalten und dazu die Kinder einladen, mit denen Ihr Kind am meisten gespielt hat.

▶ Es ist auch schön, die Kinder einzuladen, die in der Anfangsphase des Kindergartens wichtig waren, aber später vielleicht nicht mehr. Denn auch sie sind wesentlich für die Kindergartenzeit Ihres Kindes gewesen.

▶ Um den neuen Lebensabschnitt deutlich zu machen, können am Ende des Festes die Namen aller Kinder aus Buchstaben-Plätzchen zusammengestellt werden. Jedes Kind darf dann »seine« Plätzchen essen oder mit nach Hause nehmen.

Der erste Schultag

Ein neuer aufregender Lebensabschnitt

Feiern Sie diesen Tag am besten mit bewährten Klassikern, denn sicher will Ihr Kind gerade heute nicht aus der Rolle fallen, sondern dazugehören.

▶ Eine riesige Schultüte muss sein, gefüllt mit Süßigkeiten und kleinen Spielsachen wie Autos, Stofftierchen, lustigen Aufklebern und ein paar lieben Erinnerungen aus der Kindergartenzeit.

▶ Ein hübsches Geschenk zu diesem Anlass sind Namens- und Adressaufkleber, die Sie in einer Druckerei bestellen können. Zum einen sind sie nützlich, weil Ihr Kind die Schulsachen beschriften muss, zum anderen fühlt sich Ihr Kind besonders groß und ernst genommen, wenn es seine eigenen Aufkleber hat.

Die große Schultüte gehört dazu

▶ Besonders geehrt wird sich Ihr neues Schulkind bestimmt fühlen, wenn beide Eltern und vielleicht noch die Großeltern zur Schulfeier dabei sind und es anschließend noch ganz chic zum Essen ausgeführt wird.

Feste feiern, wie sie fallen

Zum Feiern kann es gar nicht genug Gelegenheiten geben. Ob im kleinen oder großen Kreis: Feste sind immer Höhepunkte im Alltag und willkommene Anlässe sich zu treffen, die Familie zu versammeln oder im Freundeskreis zusammenzukommen. Auch für Kinder sind solche Feiern immer etwas ganz Besonderes. Vor allem die jährlich wiederkehrenden feierlichen Höhepunkte spielen für sie eine große Rolle. Auf Weihnachten, Ostern, natürlich auf den eigenen Geburtstag und viele andere Highlights freuen sie sich schon Wochen im Voraus.

Familienfeste: Begegnung von Alt und Jung

TIPP!

Angenehme Fest-Regeln schaffen

Grundsätzlich können Sie jedes Fest nach einem bestimmten Ritual-Schema ablaufen lassen: Am Anfang steht die Begrüßung der Gäste mit einem Willkommensgetränk, einem Lied oder Ähnlichem. Danach findet das eigentliche Fest statt, das entsprechend dem Anlass durchgeführt wird.
Und am Ende steht der Abschluss: Damit sich nicht einfach »alles verläuft«, sollten sich noch einmal alle versammeln und gemeinsam Abschied nehmen. So gelingt ein Kindergeburtstag ebenso wie ein Familienfest.

So mögen Kinder Feste

Kinder finden Feste gerade dann besonders schön, wenn sie weitgehend gleich ablaufen, also mit immer wieder gleichen Ritualen begangen werden. Denn die Kleinen lieben die vertrauten Traditionen und werden genau darauf achten, ob der Geburtstagsmorgen nach dem gleichen Ritual abläuft wie im vergangenen Jahr und das Christkind genau mit dem gleichen Drumherhum die

Geschenke bringt wie beim letzten Mal. Und auch für Erwachsene gilt: Erst durch Rituale werden Feiern zu unvergesslichen Festen, an die man sich oft ein Leben lang erinnert.

Die Familie feiert

Die meisten Feste im Lauf eines Jahres sind Familienfeste. Ob Weihnachten, Ostern oder der Geburtstag: Für Kinder finden diese feierlichen Höhepunkte im Kreis der Familie statt. Sie stärken das Zusammengehörigkeitsgefühl und bestätigen die Bedeutung und Besonderheit einer Familie. Früher fanden solche »Feiern« an jedem Sonntag statt, wenn die ganze (Groß-)Familie zu einem üppigen Essen zusammenkam, die Erwachsenen sich unterhielten und die Familienprobleme wälzten, während die Kinder miteinander spielten.

Einst selbstverständlich: häufige Familienfeste

TIPP!

Ein Baum für alle

Wenn Sie das nächste Mal zu einem größeren Familienfest zusammenkommen, zeichnen Sie doch mal gemeinsam einen Stammbaum: Sie können mit Ihren Kindern das Schema vorbereiten und den Baum mit seinen Verzweigungen vorzeichnen. Beim Fest dürfen dann die Kinder die Verwandten befragen und versuchen, alle Zweige auszufüllen. Vielleicht kennt der Onkel ja noch den Großneffen des Urgroßvaters und die Großmutter das Geburtsjahr der Urgroßmutter väterlicherseits? Das macht allen Beteiligten bestimmt viel Spaß, und sicher werden auch eine Reihe von Erinnerungen und Anekdoten wach gerufen. Und am Ende freuen sich dann sicher alle, wenn sie eine Kopie des Stammbaums bekommen.

Familienfeiern mal anders

Heute leben kaum noch Familien mit drei oder mehr Generationen unter einem Dach, und die Verwandtschaft ist oft sehr verstreut. Immer wieder finden sich aber doch Gelegenheiten, um zusammenzukommen und alle mal wieder einzuladen. Leider beschränkt sich das meist auf Anlässe wie Hochzeiten, Taufen oder Beerdigungen. Vielleicht wollen Sie das ja ändern. Wie wäre es mit einem Pfingsttreffen oder dem ersten Advent. Das sind Termine, an denen alle freihaben, wo aber sonst meist nicht viel stattfindet.

Auch Feiern im kleinen Familienkreis, die außer der Reihe stattfinden und zu einer festen Institution werden, sind prägende und verbindende Ereignisse. So kann beispielsweise immer am letzten Ferientag ein kleines Fest stattfinden, um die gemeinsame intensive Zeit bewusst abzuschließen. Manchmal ist auch ein besonders feierliches gemeinsames Essen ein kleines Fest, oder der gemeinsame Restaurantbesuch. Solche individuellen Familienrituale halten die Familie in ganz besonderer Weise zusammen und stärken sie.

Kindergeburtstag

Torte, Lied, Geschenke – das gehört zum Geburtstag

Der Geburtstag ist für jedes Kind wohl der absolute Höhepunkt im Jahr. Denn an diesem Tag dreht sich alles um das Geburtstagskind, es darf Wünsche äußern und Ansprüche stellen, es darf der unumstrittene König sein. Die Rangordnung innerhalb der Familie ist für diesen einen Tag aufgehoben, heute darf das Kind bestimmen. Vor allem wird es sich wünschen, dass die vertrauten Rituale ablaufen wie in jedem Jahr. Dazu steht die Familie vielleicht früher auf und bereitet schon alles vor. Gemeinsam wird dann am Bett des Geburtstagskindes ein Ständchen gesungen.

Wie schön, dass du geboren bist

Heute kann es regnen, stürmen oder schnein,
denn du strahlst ja selber
wie der Sonnenschein.
Heut' ist dein Geburtstag, darum feiern wir,
alle deine Freunde freuen sich mit dir.

Wie schön, dass du geboren bist,
wir hätten dich sonst sehr vermisst,
wie schön, dass wir beisammen sind,
wir gratulieren dir, Geburtstagskind!

Unsre guten Wünsche haben ihren Grund,
bitte bleib noch lange glücklich und gesund,
dich so froh zu sehen ist, was uns gefällt,
Tränen gibt es schon genug auf dieser Welt.

Wie schön, dass du geboren bist,
wir hätten dich sonst sehr vermisst,
wie schön, dass wir beisammen sind,
wir gratulieren dir, Geburtstagskind!

Montag, Dienstag, Mittwoch, das ist ganz egal,
dein Geburtstag kommt im Jahr
doch nur ein Mal,
darum lasst uns feiern, dass die Schwarte kracht
heute wird getanzt, gesungen und gelacht!

Wie schön, dass du geboren bist,
wir hätten dich sonst sehr vermisst,
wie schön, dass wir beisammen sind,
wir gratulieren dir, Geburtstagskind!

(Rolf Zuckowski)

Anschließend könnten alle Familienmitglieder nacheinander ihre Geschenke überreichen, oder die Gaben warten am festlich gedeckten Tisch mit einem schönen Geburtstagsstrauß – denn auch Schenken ist ein wichtiges Ritual. Selbstverständlich darf dort auch der Geburtstagskuchen mit der entsprechenden Anzahl brennender Kerzen nicht fehlen, die das Kind auspusten darf, um sich danach etwas zu wünschen.
Nach dem Frühstück und dem Geschenkeauspacken wird die Familie meist auseinander gehen, in die Schule oder Arbeit.

Geburtstagskind im Mittelpunkt

Am Mittag, wenn das Geburtstagskind nach Hause kommt, gibt es dann sein Wunschessen mit Nachtisch und allem Drum und Dran. Damit ist der Ehrentag aber noch längst nicht vorbei. Wahrscheinlich folgt am Nachmittag ein Kindergeburtstag, natürlich möglichst genau nach den Vorstellungen der Hauptperson.

Der besondere Tag geht weiter

Wenn alle Geburtstagsgäste eingetroffen sind, folgt die Begrüßung: Vielleicht ein gemeinsam gesungenes Geburtstagsständchen. Anschließend gibt es Kuchen mit Saft oder Kakao – oder was sonst gewünscht wird.

TIPP!

Wie viele Gäste sollen kommen?

Als Faustregel hat sich bewährt: Die Anzahl der Geburtstagsgäste entspricht der Anzahl der Lebensjahre. So werden es nicht allzu viele Gäste, aber es gibt auch jedes Jahr eine kleine Steigerung.

Feier unter freiem Himmel

Im Sommer kann dann das Programm draußen stattfinden, vielleicht machen Sie eine Schnitzeljagd (siehe Seite 84 f.) oder Sie veranstalten einen richtigen kleinen »Jahrmarkt« in Ihrem Garten: Bauen Sie dafür einige Wettlaufplätze und Stände auf, die jeweils von älteren Geschwistern, Freunden oder anderen Eltern geführt werden. Folgende »Stationen« bieten sich für ein solches Fest an: ein Wurfstand mit Dosen oder Pappbechern und einem Ball, Sackhüpfen, Eierlaufen, Stelzenlaufen, Tauziehen und Wasserspiele.

Ideen für ein Fest im Freien

Geburtstagsspiele können Sie auch auf einer nahe gelegenen Wiese im Park veranstalten. Hierher können Sie übrigens auch das Kuchenessen verlegen: als schönes Picknick unter Bäumen, das ist bei Kindern besonders beliebt. Aber auch in den heimischen vier Wänden lässt sich's gut feiern.

Spiele für daheim

Topfschlagen
Das brauchen Sie:
Topf, Kochlöffel und Tuch
Preise in der Anzahl der Gäste

So wird's gemacht

▶ Nacheinander werden jedem Kind die Augen verbunden, es wird gedreht und darf dann mit dem Kochlöffel in der Hand auf allen vieren auf die Suche nach dem versteckten Topf gehen, unter dem ein Preis liegt. Während der Suche rufen die anderen Kinder »Heiß!«, »Warm!« oder »Kalt!«, je nachdem, wie weit der Suchende vom Topf entfernt ist. Hat das Kind mit dem Kochlöffel auf den Topf geschlagen, bekommt es den darunter versteckten Preis.

Die Reise nach Jerusalem
Das brauchen Sie:
Stühle (einen weniger als Mitspieler da sind)

So wird's gemacht

▶ Die Stühle so in einer Reihe aufstellen, dass jeder zweite Stuhl in dieselbe Richtung zeigt. Lassen Sie nun Musik laufen. Die Spieler gehen um die Stühle herum. Bricht die Musik ab, muss jeder versuchen, einen Sitzplatz zu ergattern. Wer keinen bekommt, scheidet aus. In jeder Runde wird ein Stuhl weggenommen: Das Spiel ist zu Ende, wenn nur noch ein Spieler, der Sieger, übrig ist.

TIPP!

Pizzabäckerei für alle

Bei einem Geburtstag mit weniger Gästen kann auch Pizzabacken der Höhepunkt sein: Die Kinder dürfen den Teig kneten, Gemüse, Salami und Schinken für den Belag schneiden, Tomatensauce kochen, die Pizza belegen und backen. Natürlich wird sie am Ende gemeinsam gegessen.

Würstchenschnappen
Das brauchen Sie:
Würstchen (so viele, wie Gäste da sind)
ein Stück feste Schnur

Spieleklassiker für das Fest im Kinderzimmer

▶ Hängen Sie die Würstchen an die Schnur. Die Schnur wird an beiden Enden von zwei Erwachsenen hochgehalten und bewegt. Unter jedem Würstchen steht ein Kind, das versuchen muss, nur mit seinem Mund (die Hände auf dem Rücken) nach seinem Würstchen zu schnappen.

Wenn der gesamte Geburtstag im Familienkreis gefeiert wird, können Sie auch hierfür kleine Spiele vorbereiten: Sie können zum Beispiel ein Kreuzworträtsel erstellen, in dem allerlei wichtige Lebenssituationen des Geburtstagskindes abgefragt werden oder die Namen von Verwandten, Lehrern oder Erzieherinnen und Freunden des Kindes. Alle gemeinsam dürfen sich an der Lösung des Rätsels beteiligen.

Rätsel oder Puzzle ganz individuell

Eine andere schöne Idee: Legen Sie gemeinsam ein Puzzle, das ein Bild Ihres Kindes ergibt. Sie können dafür aus einem Foto Ihres Kindes in einem Fachgeschäft ein Puzzle anfertigen lassen – oder gleich zwei, dann können Sie einen kleinen, spielerischen Wettbewerb mit zwei Gruppen veranstalten.

Schöner Tagesausklang

Der Abend des Geburtstages ist dann wieder für die Familie reserviert. Vielleicht kommen die Großeltern noch zum Gratulieren vorbei.
Oder Sie lassen den Tag ganz ruhig ausklingen und erzählen Ihrem Kind, wie es auf die Welt kam. Dabei lieben es Kinder auch, ihr persönliches Fotoalbum zu betrachten, und stellen den Eltern viele Fragen über das Wunder ihrer Geburt.

TIPP!

Der Luftballon-Geburtstag

Schon in die Einladungen können Sie einen Luftballon mit einlegen. Oder Sie hängen die Einladungskarte an einen aufgeblasenen Luftballon, auf den Sie ein lustiges Gesicht malen.
Auch der Geburtstagskuchen ist mit bunten Marzipan-Luftballons verziert, oder Sie malen welche mit Speisefarbe auf.
Das ganze Festzimmer wird mit Ballons geschmückt, die entweder an Bändern aufgehängt werden oder über einer »zweiten Decke« liegen, die Sie aus fester transparenter Abdeckfolie herstellen und an der ganzen Zimmerdecke befestigen.
Es gibt natürlich auch Spiele mit Luftballons, zum Beispiel Wettlaufen mit einem Luftballon zwischen den Zehen. Oder alle Kinder versuchen, die Luftballons der anderen, die mit einer Schnur an den Fußknöchel gebunden sind, zu zertreten. Wessen Luftballon am Ende noch ganz ist, der hat einen Preis gewonnen. Oder: Jedes Kind bekommt einen Luftballon, den es möglichst lange herumbalancieren muss, ohne dass er die Erde berührt (bei größeren Kindern ohne Hände). Berührt ein Luftballon den Boden, scheidet das Kind aus. Sie können auch Luftballons mit Gesichtern bemalen oder verschiedene Tiere darauf malen, die die Kinder dann erraten müssen. Zum Abschied bekommt jeder Gast dann noch einen ganz besonderen Ballon geschenkt.

Mit Ritualen durch das ganze Jahr

Gerade für Stadtkinder – und das ist bei weitem die Mehrheit aller Kinder bei uns – sind Jahreszeiten meist ziemlich abstrakte Begriffe. Nur selten wissen sie, welche Früchte wann reif sind und wann welche Blumen blühen.

Dabei ist gerade der immer wiederkehrende Ablauf der Jahreszeiten wichtig für das Gefühl der Sicherheit und Kontinuität im Kinderleben. Für die meisten Kinder erfüllen auch die festlichen Höhepunkte im Jahr diese Aufgabe, denn auf Weihnachten oder Ostern freuen sie sich schon lange vorher.

Ostern – ein Fixpunkt im Kinderleben

Um Kindern die Jahreszeiten wieder bewusster zu machen, könnten sie sozusagen ins Haus geholt werden. Dazu bietet sich die Tradition des Jahreszeitentisches an, ein Ritual, das aus der Waldorfpädagogik bekannt ist. Dafür muss kein extra Tisch reserviert werden, es genügt auch ein freies Brett im Regal oder eine breite Fensterbank, auf der Sie die Blumen, Zweige und Früchte der Saison hübsch anrichten.

Frühling: das Leben erwacht

Der nahende Frühling weckt neue Lebensgeister – und für die Kleinen genauso wie für die Großen bedeutet das: raus in die Natur, sich anstecken lassen von dem sprießenden Grün, teilnehmen am Wachsen, Wärme und Licht genießen.

Die Natur blüht auf

Der Jahreszeitentisch im Frühling

Blumen als Frühlingsboten sollten auf dem frühlingshaften Tisch nicht fehlen. Besonders schön sind gelbe Narzissen oder bunte Tulpen. Forsythienzweige, an denen in der Osterzeit bunt bemalte ausgeblasene Ostereier hängen sowie selbst gebastelte Hasen und Küken vervollständigen den schmucken Tisch.

Rituale zu Ostern

Den Frühling feiern

Zur Feier des Frühlings gibt es auch ein großes Fest: Ostern. Jedes Jahr aufs Neue feiern wir, wie fast alle Menschen auf der Welt, am Sonntag nach dem ersten Frühlingsvollmond das wiederkehrende Licht, die Wärme und das neue Grün. Der Winter, die kalte, dunkle Jahreszeit, ist endlich vorbei.
Ostern ist nicht nur für Christen ein ganz besonderes Fest. Denn das Fest der Auferstehung Christi ist schon immer auch das Fest der Auferstehung des Lebens und der Natur sowie das Fest der Fruchtbarkeit gewesen. Sinnvoll ist es, sich aus der Vielzahl an Oster- und Frühlingsbräuchen einige herauszupicken, die dann zu wirklichen Familienritualen werden. Hier einige Beispiele:

- Vielleicht verzichten Sie mit Ihren Kindern während der Fastenzeit vor Ostern auf Süßigkeiten (Kasten Seite 30).
- Schön ist ein festliches Osterfrühstück mit selbst gebackenem Kuchen aus einer Lammform und selbst bemalten Hühnereiern.
- Ein mit ausgeblasenen Eiern geschmückter Osterstrauß aus Forsythien oder anderen blühenden Zweigen sollte an Ostern nicht fehlen.

Osterspiele rund ums Ei

Das Ostereiersuchen ist wohl in jeder Familie der Höhepunkt des Osterfestes! Nachdem die Kinder die versteckten Eier gefunden haben, können sie damit lustige Spiele machen. Dafür eignen sich am besten hart gekochte Eier oder verpackte Schokoladeneier. Als Preise könnten Osterhasen locken.

- **Eierwettrollen:** Die Spieler stellen sich nebeneinander an einem Hang auf. Jeder lässt sein Ei hinunterkullern. Wessen Ei am weitesten rollt, der hat gewonnen.
- **Eierwettlauf:** Alle Mitspieler starten mit einem Ei auf einem Löffel. Wer zuerst ans Ziel kommt, ohne dass sein Ei heruntergefallen ist, der hat gewonnen.
- **Eierboccia:** Ein gekochtes Osterei wird in einiger Entfernung auf einen Weg gelegt. Jeder Spieler versucht, zwei kleine Schokoladeneier so zu dem Ei hinzurollen, dass sie möglichst nahe am großen Ei liegen bleiben. Wer am nächsten dran ist, bekommt alle Schokoeier!

Erst Ostereier suchen, dann spielen

WICHTIG

Osterhase, Christkind & Co.

Im so genannten magischen Alter bis etwa sechs Jahre glauben die meisten Kinder an diese alten Institutionen, denn sie sprechen die Phantasie und die Bedürfnisse der Kinder unmittelbar an. Außerdem können sich Kinder so die abstrakten Ideen, die hinter den Festen stehen, wie Liebe und Frieden, leichter vorstellen.
Lassen Sie Ihren Kindern deshalb den Glauben, auch wenn Sie keine christliche Erziehung anstreben. Hier geht es um die Vermittlung wichtiger moralischer Werte und das Ausleben innerer Bedürfnisse. Und Sicherheit bekommen die Kleinen außerdem, etwa mit der Vorstellung, dass das Christkind oder ein (Schutz-)Engel ihr Leben immer und überall gut bewacht.

Sommer: draußen in üppiger Natur

Der Sommer beschert uns reichlich Wärme, Licht und Sonnenschein – genau das, wonach die meisten Menschen sich lange sehnen. Das Bedürfnis, viel Zeit im Freien zu verbringen und in lauen Sommernächten im Biergarten oder auf dem Balkon zu sitzen, ist jetzt groß.
Und auch die Kinder hält es kaum mehr im Haus. Sie wollen draußen spielen: mit dem Ball, Seilspringen, Stelzenlaufen, Fangen und Verstecken. Besonders schön ist es für viele Kinder, wenn auf dem Balkon oder im Garten ein kleines Planschbecken steht, das ihnen zwischendurch immer wieder feuchte Abkühlung verschafft.
Sie können jetzt mit Ihren Kindern viele schöne Ausflüge unternehmen, wandern, schwimmen oder Fahrrad fahren. Dabei sollte ein leckeres Picknick keinesfalls fehlen. Auch an einem Grillfest haben sicher alle viel Spaß.

Der Jahreszeitentisch im Sommer

Im Sommer lässt sich in der Natur vieles finden. Sie können den Tisch mit Getreidesträußen und einer üppigen Schale mit Obst, vor allem Beeren, dekorieren. Auch Blumen gibt es reichlich, und außerdem bietet der Urlaub viel Gelegenheit zum Sammeln: Sand, Steine, Schneckenhäuser, Muscheln …
All das passt auf einen richtigen Sommertisch.

Sommerdekoration in Urlaubsstimmung

Eine Schnitzeljagd

Um für Kinder aus einem Ausflug etwas ganz Besonderes zu machen, eignet sich eine Schnitzeljagd mit dem Fahrrad oder zu Fuß. Wenn Sie dazu einen Familienausflug planen, können Sie schon vorher die Strecke abgehen oder -fahren und die »Schnitzel« verstecken. Andernfalls muss ein Erwachsener oder ein größeres Kind vorausgehen.

Abenteuer Schnitzeljagd

Die Schnitzel können bei kürzeren Abständen an Bäume angesteckt sein. Ist die Entfernung zum nächsten Zettelchen weiter, können entsprechende Hinweise gegeben werden, wie die Kinder sich fortbewegen müssen, um zum nächsten Punkt zu gelangen. Sie können auch lustige Aufgaben stellen, zum Beispiel: »Setzt euch alle auf den Baum und zwitschert wie die Vöglein, bevor ihr weitergeht!«. Besondere Freude wird es auslösen, wenn am Ende – natürlich mit Schatzkarte – ein Schatz zu suchen ist, in dem sich Verpflegung oder Picknick befindet.

Noch mehr Sommerabenteuer

Das sommerliche Leben im Freien tut der menschlichen Seele einfach gut! Jetzt kann man auf Feste verzichten: Spontane Unternehmungen im Freien stehen stattdessen auf dem Programm.

▶ Feste im Sommer haben in unseren Breiten auch nahezu keine Tradition – bis auf die Sommersonnwende, die mit dem Johannisfeuer um den 22. Juni, den Wechsel der Jahreszeit, gefeiert wird. Dazu treffen sich mehrere Familien im Freien und entfachen, wo es erlaubt ist, ein großes Feuer, über das am Ende alle Mutigen springen – sozusagen mitten in den Sommer hinein.

▶ Größere Kinder wollen vielleicht auch gern mal im Zelt im Garten übernachten. Es ist für sie ein besonderes Erlebnis, in einer klaren Nacht den Sternenhimmel zu beobachten.

▶ Sie können auch folgendes Ritual einführen: Jedes Jahr am Wochenende vor oder nach der Sommersonnwende, wenn die Tage am längsten sind, dürfen Ihre Kinder im Garten zelten oder Sie unternehmen gemeinsam eine Nachtwanderung mit Taschenlampe und Sternenbuch zum Nachschlagen.

Sommer: Balkon, Terrasse und freie Natur erleben

Der Herbst: Farbe überall

Der Herbst ist die Übergangszeit vom Sommer zum Winter. Jetzt heißt es Abschied nehmen von Wärme und viel Sonne. Die Tage werden kürzer, das Leben verlagert sich wieder mehr und mehr nach drinnen.

Farbenfroher Abschiedsgruß der Natur

Dennoch sind gerade im Herbst Spaziergänge und Wanderungen besonders schön.

Der Jahreszeitentisch im Herbst

Auf dem Jahreszeitentisch können Sie jetzt buntes Laub und Obst arrangieren: Besonders schön sind Kürbisse. Auch Getreidesträuße, Kastanien und Eicheln passen gut.

Das Laternenfest

Alljährlich am 11. November findet das Laternenfest oder auch der Sankt-Martins-Zug statt. Das Licht der Laternen symbolisiert dabei sowohl das Licht in den Herzen als auch Wärme und Geborgenheit in der dunklen Jahreszeit, die mit dem Herbst begonnen hat. Mit selbst gebastelten Laternen ziehen die Kinder durch die Straßen und singen dazu Martinslieder, etwa dieses:

Ich geh mit meiner Laterne

Ich geh mit meiner Laterne
Und meine Laterne mit mir.
Da oben leuchten die Sterne
Und unten, da leuchten wir.
Der Hahn, der kräht,
die Katz miaut.
Rabimmel, rabammel, rabum.

Ich geh mit meiner Laterne
Und meine Laterne mit mir.
Da oben leuchten die Sterne
Und unten, da leuchten wir.
Laternenlicht,
verlösch mir nicht,
Rabimmel, rabammel, rabum.

Ich geh mit meiner Laterne
Und meine Laterne mit mir.
Da oben leuchten die Sterne
Und unten, da leuchten wir.
Mein Licht ist aus,
ich geh nach Haus.
Rabimmel, rabammel, rabum.

Laternenfest – Licht in der kalten Jahreszeit

Rituale fürs Martinsfest

Sankt-Martins-Brauch: Helfen lernen

Um den Martinsbrauch neu zu beleben, eignet sich ein kleines Ritual, das die Freude am Teilen und Schenken vermitteln kann:

- Die Kinder dürfen mit einem Licht und Selbstgebackenem alte und einsame Menschen in der Nachbarschaft aufsuchen.
- Die Kinder können auch ihre Spielsachen aussortieren und alles, was sie nicht mehr brauchen, in ein Krisengebiet schicken oder es in einem nahe gelegenen Asylbewerberheim abgeben, um mit Kindern zu teilen, die viel weniger haben als sie selbst.

Halloween

Das Kürbis- und Geisterfest aus den USA wird auch bei uns immer beliebter. Der ursprünglich keltische Brauch soll dazu dienen, die bösen Geister zu vertreiben: Die Kelten glaubten, dass in der Nacht vom 31. Oktober auf den 1. November der Schleier, der die Geisterwelt von der realen Welt trennt, am dünnsten ist. Um zu verhindern, dass die Toten zurückkommen, wurden sie mit bösen Streichen, Feuer und Furcht erregenden Masken abgeschreckt.

Masken und Schabernack gegen Geisterspuk

Das Fest hat sich inzwischen mehr und mehr zum Kinderfest entwickelt, bei dem die Kleinen den Erwachsenen Angst einjagen dürfen und damit für diesen Abend die »Stärkeren« sind. In Europa setzt sich der Brauch bei geschäftstüchtigen Veranstaltern immer mehr durch. Aber er wird

TIPP!

Herbstliche Basteleien

- Der Herbst ist eine tolle Bastelzeit. An Schlechtwettertagen können Sie mit Ihren Kindern Ketten, lustige Männchen oder Tiere aus gesammelten Eicheln, Kastanien und bunten Blättern kreieren.
- Sie können auch einen Drachen basteln: Sie brauchen dafür nur zwei unterschiedlich lange Holzstäbe und buntes Seidenpapier, Klebstoff, einen Wollfaden und eine Nylonschnur. Kleben Sie das Papier auf die gekreuzten Stäbe. Der Wollfaden wird als Drachenschwanz unten an den längeren Holzstab geknotet und ebenfalls mit Seidenpapier beklebt. Auf der Mitte des Kreuzes befestigen Sie dann die Nylonschnur, an der der Drache gehalten wird.
- Und zu Halloween gehört einfach ein Kürbis mit leuchtenden Augen ins Fenster! Einen Deckel vom Kürbis abschneiden und ihn innen aushöhlen (wird eine leckere Suppe!). Dann mit einem spitzen Messer große eckige Augen, eine Nase und einen breiten Zick-Zack-Mund in den Kürbis schneiden. Ein Teelicht oder eine Kerze hineinstellen, den Deckel wieder draufsetzen: fertig!

auch in Kindergärten immer beliebter, schließlich verkürzt er ja die lange Wartezeit auf die darauf folgende Weihnachtszeit.

Kleines Ritual für Halloween

Gespensterspaß für eine Nacht

Vielleicht erlauben Sie Ihren Kindern, sich in dieser Nacht den Wecker zur »Geisterstunde« zu stellen und dann als Gespenster durchs Haus zu geistern und Sie zu erschrecken.

Winter: die Zeit der vielen Feste

In keiner Jahreszeit wird so viel gefeiert wie im Winter. Die Gründe sind einleuchtend: Licht und Wärme, Sonne und sommerliche Lebensfreude fehlen jetzt. Das wird zum Teil durch die vielen Feste aufgefangen: Nicht ohne Grund gehört gerade zur Adventszeit vor allem romantisches Kerzenlicht, das fehlendes Sonnenlicht und mangelnde Wärme ersetzen soll. Und es hilft auch dabei, besinnlich zu werden, nach innen zu schauen. Denn darum geht es auch im Winter: Den Blick auf sein Inneres zu richten, zu ruhen und Kräfte zu sammeln. Eine solche besinnliche Atmosphäre lieben auch Kinder sehr. Allerdings gehen sie natürlich auch in der kalten Jahreszeit gern nach draußen, vor allem bei richtig tollem Winterwetter: Dann rufen schließlich Vergnügen wie Schlittschuhfahren, Rodeln, Schneemannbauen und Schneeballschlachten!

Der Jahreszeitentisch im Winter

Die Natur ist im Winter eher karg, dennoch bietet sie einige schöne Accessoires, mit denen Sie den Jahreszeitentisch hübsch dekorieren können. Mistel- und Nadelbaumzweige gehören zur stimmungsvollen Winterdekoration ebenso wie Tannen- und andere Zapfen.
Ab dem ersten Advent darf dann auch ein Adventskranz nicht fehlen und eine Krippe, die immer weiter vervollständigt wird (siehe Seite 90). Etwas Weihnachtsschmuck gibt dem Arrangement eine festliche Note.

Die Adventszeit

Adventsstimmung mit Plätzchenduft und Kerzenlicht

Spätestens mit dem ersten Advent beginnt die besinnliche Vorweihnachtszeit. Advent bedeutet »Ankunft« und ist der Anfang des Kirchenjahres. Für Kinder ist diese Zeit voller Vorfreude und voll strahlender Höhepunkte.

Schöne Adventsrituale

Jetzt sind vor allem ganz traditionelle Rituale angesagt!

▶ Plätzchen backen gehört einfach zu dieser Zeit: Teig kneten und ausrollen, schöne Formen daraus ausstechen, der Duft beim Backen und der köstliche Geschmack – das alles ist nicht nur für Kinder ein wirklich sinnliches Erlebnis. Auch ganz Kleine können dabei schon richtig mitmachen, schließlich müssen die Plätzchen ja nicht perfekt sein!

Vorweihnachtszeit für alle Sinne

▶ Die Adventssonntage, an denen immer mehr Lichter angezündet werden, sind auch schon für kleine Kinder nachvollziehbare Zeiteinheiten auf dem Weg zum Höhepunkt, dem Weihnachtsabend, an dem dann ganz viele Lichter brennen.

▶ Ebenso verkürzt der Adventskalender die lange Wartezeit. Vielleicht wollen Sie ja einen Kalender selbst basteln: Der gefällt Ihren Kindern sicher ganz besonders gut (siehe Kasten rechts)!

▶ Das Aufstellen der Krippe ist auch jedes Jahr wieder ein feierliches Ritual, an dem Kinder gern beteiligt werden. Besonders »lebendig« ist die Krippe, wenn Sie die Figuren erst nach und nach aufstellen und sie sich immer mal ein wenig fortbewegen. So ist die heilige Familie am An-

TIPP!

Ganz besondere Adventskalender

- Einfach anzufertigen und trotzdem dekorativ sind Kalender aus 24 beklebten Streichholzschachteln oder genähten Säckchen, die Sie einfach an eine dicke Kordel knoten. Ein solcher Adventskalender hält außerdem oft viele Jahre: Sie füllen ihn einfach jedes Jahr wieder mit vielen kleinen Überraschungen und hängen ihn wieder auf.
- Sie können als besondere Alternative auch mal eine »Adventswand« gestalten: Sozusagen einen Adventskalender in umgekehrter Reihenfolge.

Hängen Sie dafür eine große Pinnwand auf, die mit rotem Stoff bezogen und mit Tannenzweigen dekoriert ist. Heften Sie dann jeden Abend, wenn Ihre Kinder schon im Bett sind, einen weihnachtlichen Gegenstand an die Wand, 24 Tage lang. Das können schöne Weihnachtsbilder oder Karten sein, ein selbst gemaltes Bild, ein Glöckchen, eine besondere Christbaumkugel, Mistelzweige oder Ähnliches. Ihre Kinder werden bestimmt jeden Morgen zur Adventswand laufen und das neu hinzugekommene Teil begutachten. Und vielleicht erzählen Sie am Abend dann immer noch eine kleine Geschichte dazu.

fang noch weit entfernt vom Stall, in dem schon die Tiere stehen. Sie kommt immer näher, aber erst am Tag vor Heiligabend erreicht sie die Krippe. Das Jesuskind taucht natürlich erst dann in der Krippe auf, und die heiligen drei Könige nähern sich ihr nun langsam und erreichen sie am 6. Januar.
So können Sie Ihren Kindern anschaulich die Weihnachtsgeschichte vermitteln, damit es sein kulturelles Erbe kennen lernt.

Der Nikolaus kommt!

Der Nikolaus ist eine mystische Gestalt, die die kindliche Phantasie besonders anspricht. Seit dem Mittelalter wird in unserer Kultur Nikolaus gefeiert.

Nikolaus mit Ritualen

Faszinierende Mystik für die Kleinsten

- In fast allen Familien stellen die Kinder am Vorabend des Nikolaus ihre Stiefel vor die Tür, und am 6. Dezember morgens finden sie darin süße Überraschungen, Nüsse und Äpfel.
- Manchmal kommt der Nikolaus auch selbst vorbei, liest aus seinem Buch vor, lobt das Kind und darf auch auf manch kleines Versäumnis hinweisen. Auf keinen Fall sollte er aber die Funktion eines strengen Erziehers haben, denn das kann Kindern große Angst machen. Deshalb verliert der Krampus, die dunkle Gestalt an seiner Seite, auch zunehmend an Bedeutung.

Auch größere Kinder, die unter der Verkleidung vom Nikolaus schon die Schuhe des Onkels erkennen, schwanken oft noch lange in ihrem Glauben. Lassen Sie deshalb Ihren Kindern die Faszination an den mythischen Gestalten (Kasten Seite 84).

Höhepunkt Weihnachten

Advent, Nikolaus, Weihnachten – ein zauberhafter »Countdown«

Dass das christliche Weihnachtsfest und das eigentlich unbekannte Geburtsdatum von Jesus auf die Zeit der Wintersonnenwende gelegt wurde, ist kein Zufall. Denn zu dieser Zeit wird die Natur im Jahreszyklus neu erweckt. Die Tage werden wieder länger und die Erde erwärmt sich langsam wieder. Das war auch schon für unsere heidnischen Vorfahren ein Grund zum Feiern. Und so erinnern auch die brennenden Lichter am Christbaum an ein Ritual aus der Zeit unserer Urahnen: Sie entzündeten am Tag der Wintersonnenwende ein Feuer auf den Berggipfeln, das die Freude über das neu erwartete Leben und die Rückkehr von Sonne, Wärme und Licht ausdrücken sollte.

Typische Weihnachtsrituale

Weihnachten hat sich bei uns inzwischen zum wichtigsten Familienfest überhaupt entwickelt. Die Weihnachtstradition wird in jeder Familie ein bisschen anders gepflegt. Wichtig ist vor allem die ruhige, feierliche Atmosphäre.

- Gerade zu Weihnachten gehen viele Menschen in die Kirche, um sich im Familiengottesdienst mit Krippenspiel einzustimmen.

Ein ganz besonderer Tag: Heiligabend

- In den meisten Familien gibt es ein spezielles »Weihnachtsessen« an Heiligabend. Manche essen immer Kartoffelsalat mit Würstchen, andere vielleicht Heringssalat.
- Der Weihnachtsbaum wird meist gemeinsam ausgesucht, und ältere Kinder dürfen schon mitschmücken. Das kann auch schon einige Tage vor Weihnachten passieren, aber die Kerzen werden erst zum Heiligen Abend angezündet.
- Vor der großen Bescherung ist es schön, noch die Weihnachtsgeschichte zu lesen oder gemeinsam Weihnachtslieder zu singen. Jeder hat sich für die anderen schöngemacht und alle umarmen sich und wünschen sich frohe Weihnachten.
- Für die Kinder steht die Bescherung im Mittelpunkt des Abends. Vielleicht haben sie (mit Ihrer Hilfe) an das Christkind einen richtigen Brief geschrieben – nicht einfach einen Wunschzettel, auf dem Spielsachen aufgelistet wurden – der dann unbemerkt abgeholt wurde. Natürlich hat sich das Christkind bemüht, einige Wünsche zu erfüllen. Und Ihr Kind wird strahlen, wenn es das sieht. Wichtig ist, dass die Geschenke nicht wild aufgerissen werden, sondern ein Familienmitglied nach dem anderen jeweils nur ein Geschenk auspackt – so wird die Bescherung zu einem wirklichen Höhepunkt.

Schöner Höhepunkt: gemeinsam den Baum schmücken

- In vielen Familien ist es Tradition, den ersten Weihnachtsfeiertag im größeren Familienkreis mit einem festlichen Essen zu begehen.

TIPP!

Ein Fondue am Heiligabend

In vielen Familien hat sich an festlichen Tagen ein Fondue als Mahlzeit durchgesetzt, weil es besonders gesellig ist und keine großen Vorbereitungen nötig sind. Außerdem kann dabei jeder seine Lieblingssachen genießen. Kinder lieben besonders Würstchenfondue. Dabei werden Würstchen im Fonduetopf mit der Brühe gegart und leckere Soßen – natürlich auch Ketchup – dazu serviert.

Der Jahreswechsel

Der Übergang von einem Jahr zum nächsten galt früher als unheimlich, keiner wollte in der Geisterstunde allein sein und schlafen. Schon unsere Vorfahren wollten die bösen Geister mit viel Lärm vertreiben, damit die guten Geister kommen konnten, um Glück und Gesundheit zu bringen. Auch heute gehört ein Feuerwerk einfach zu Silvester dazu. Und der magische Tag hat auch für uns noch eine besondere Ausstrahlung: Denken Sie nur an die vielen guten Vorsätze, die man jedes Jahr an Silvester fasst.

Silvester mit Kindern

Jahreswechsel für Kinder

Kleine Kinder verschlafen die Silvesternacht meist ohnehin. Doch sobald sie ein wenig größer sind, werden sie versuchen, wach zu bleiben und mitzufeiern. Mit anderen Familien und Freunden macht das besonders viel Spaß. Doch der Abend ist in jedem Fall lang, deshalb führen Sie einige Rituale ein, die gut zum Anlass passen und allen Spaß machen:

Silvester: ein buntes, lautes Fest

- Ein gemeinsames Fondue oder Raclette ist das ideale Essen für einen so langen Abend (siehe Kasten links oben).
- Bleigießen hat Tradition und ist sehr unterhaltsam. Fertige Sets bekommen Sie in Kaufhäusern.
- Lassen Sie gemeinsam das alte Jahr Revue passieren: Was war gut, was schwierig oder traurig? Dann sagt jeder seine Wünsche fürs neue Jahr. Die können Sie auch aufschreiben, das Papier zu Drachen oder Schiffchen falten und auf einen Fluss setzen oder an einem Luftballon in den Himmel steigen lassen.
- Im Fernsehen gibt es auch ein Silvester-Ritual: »Dinner for one«. Darüber können sich größere Kinder auch schon amüsieren.

Fasching und Karneval

In vorchristlicher Zeit war der Karneval oder Fasching das Neujahrsfest, denn der Januar und der Februar schlossen das alte

Jahr ab, und das neue begann mit dem Frühling. Damals wurden mit wildem Tanz und Gesang sowie Furcht erregenden Masken der Winter und die bösen Geister vertrieben. Auch aus Angst vor den Geistern der Verstorbenen maskierten sich unsere Ahnen.

Faschingsrituale

Die meisten Kinder lieben es, sich zu verkleiden und zu maskieren.

Als Prinzessin oder Clown in eine andere Rolle schlüpfen

▶ Besonderen Spaß machen Faschingsfeste mit einem Motto, für das sich die Kinder ein Kostüm ausdenken können. In vielen Gegenden gibt es ein buntes Faschingstreiben oder lustige Karnevalsumzüge. Kinder haben viel Spaß, wenn sie verkleidet daran teilnehmen oder zuschauen dürfen.

▶ Legen Sie doch eine »Verkleidungskiste« an, in der Sie Tücher, Stoffreste, ältere Kleidungsstücke, aber auch Hüte, Perücken und Schuhe sammeln. Ihr Kind hat so einen großen Fundus für Fantasiekostüme – und wird sicher auch außerhalb der Faschingszeit öfter in die Kiste greifen.

Fastenzeit neu entdecken

Die Fastnacht, also die Nacht vor dem Fasten, beendet den Karneval. Danach beginnt traditionell mit dem Aschermittwoch die Fastenzeit, die am Karfreitag, 40 Tage später, endet. Gerade in unserer Zeit kann das Fasten eine besondere Bedeutung haben. Denn wir und unsere Kinder leben meist im Überfluss, essen (fast) alles, was wir wollen.

Die Fastenzeit bewusst erleben

Ein Ritual zur Fastenzeit

▶ Um das Bewusstsein für Genussmittel und für unseren Wohlstand zu schärfen, können Sie mit Ihren Kindern in der Fastenzeit zum Beispiel auf Süßigkeiten verzichten. Die Schokohasen und Ostereier schmecken nach einer Zeit des bewussten Verzichts sicher nochmal so gut!

Zum Nachschlagen

Bücher, die weiterhelfen

Beil, B., *Schlummertuch und Hochzeitstag. Rituale in der Familie;* dtv
Dahlke, R., *Lebenskrisen als Entwicklungschance;* Bertelsmann und Goldmann
Kaufmann-Huber, G., *Kinder brauchen Rituale;* Herder Verlag

Weitere Eltern-Ratgeber aus dem Gräfe und Unzer Verlag:
Dorsch, Prof. Dr. med. W. / Loibl, M., *Hausmittel für Kinder*
Hofmann, Dres. D. & U., *Erste Hilfe bei Kindern*
Koneberg, L. / Förder, G., *Kinesiologie für Kinder*
Kunze, P. / Salamander, C., *Kinder fördern im Alltag*
Pulkkinen, A., PEKiP: *Babys spielerisch fördern*
Zimmermann, Dr. M., *Kinder spielerisch zur Ruhe führen*

Empfehlenswerte Kinderbücher und -musik:

Angstträume:
Ende, M.; Fuchshuber, A., *Das Traumfresserchen;* Thienemann-Verlag

Geschwister:
Lindgren, A., *Ich will auch Geschwister haben;* Oetinger-Verlag

Kindergarten:
Baeten, L., *Wer kommt mit in den Kindergarten?* Ravensburger Verlag
Zuckowski, R., *Rolf und seine Freunde: Im Kindergarten;* CD oder Hörkassette

Kranksein:
Janosch, *Ich mach dich gesund, sagte der Bär;* Bilderbuch (Diogenes) und Hörkassette (Universal)

Sauber werden:
Bauer, J.; Boie, K., *Juli und das Monster;* Beltz Athenäum Verlag

Schlafen:
Buchholz, Q., *Schlaf gut, kleiner Bär;* Verlag Sauerländer
Cousins, L., *Mausi geht ins Bett;* Sauerländer Verlag

Schule:
Lindgren, A., *Ich will auch in die Schule gehen;* Oetinger Verlag
Lobe, M., *Morgen komme ich in die Schule;* Esslinger Verlag

Streiten:
Geisler, D.; Frey, J., *Streiten gehört dazu, auch wenn man sich lieb hat;* Ravensburger Verlag

Tod/Trauer:
Olbrich, H., *Abschied von Tante Sofia;* Verlag E. Kaufmann
Plumml, R.; Buchholz, Q., *Matti und der Großvater;* Hanser-Verlag

Internet-Adressen, die weiterhelfen:

www.brueckenbauer.ch: zahlreiche Tipps und Informationen rund ums Kind, zum Beispiel zu Eifersucht unter Geschwistern, zum Trauern mit Kindern, Ritualen
www.kinder.de: zahlreiche Tipps und Infos rund ums Kind
www.rund-ums-baby.de: hilfreiche Informationen, zum Beispiel zu Töpfchenritualen
www.babynews.de: zahlreiche interessante Infos und Tipps rund ums Baby
www.schlummertricks.de: Viele Kinderlieder, Kniereiter, Fingerspiele und anderes für die Kleinen

Register

Impressum

Redaktionsleitung: Doris Birk
Redaktion: Reinhard Brendli
Lektorat: Ina Raki

Illustrationen: Tobias Borries
Fotos: Folio ID (Astrid M. Obert-Huber): hintere Umschlagseite; IFA-Bilderteam: S. 4; Mauritius (C. Bayer): S. 2 (rechts), 16, 3, 58; Picture Press (Pfeiffer): S. 2 (links), 6; Tony Stone: vordere Umschlagseite, S. 1

Umschlaggestaltung:
independent Medien-Design
Innenlayout: Heinz Kraxenberger
Herstellung: Petra Roth
Satz: Verlagssatz Lingner, Warngau
Lithos: MXM GmbH
Druck: Appl, Wemding
Bindung: Sellier, Freising

ISBN 3-7742-4803-6

Auflage	5.	4.
Jahr	04	03

Umwelthinweis
Dieses Buch wurde auf chlorfrei gebleichtem Papier gedruckt. Um Rohstoffe zu sparen, haben wir auf Folienverpackung verzichtet.

Dank

Ich danke vor allem meiner 9-jährigen Tochter Nina, ohne die ich dieses Buch nicht hätte schreiben können. Denn sie bringt stets ungewöhnlich viel Geduld und Interesse für ihre Mama auf, und von ihr habe ich unschätzbar viel gelernt. Ich danke auch meinem Mann Gerald Schmiedecke, der mir mit viel Liebe, Verständnis, Geduld und konstruktiven Beiträgen nicht nur bei diesem Buch zur Seite stand. Auch meiner Freundin Prof. Dr. Tilly Miller möchte ich herzlich für die Durchsicht des Manuskripts und die fachlich kompetenten Hinweise danken. Für die besonders gute Zusammenarbeit danke ich Catharina Salamander, Reinhard Brendli und Ina Raki.
Petra Kunze

Wichtiger Hinweis

Die Inhalte dieses Buches wurden äußerst sorgfältig recherchiert und geprüft. Dennoch können nur Sie selbst entscheiden, ob die hier geäußerten Vorschläge und Lebensansichten auf Ihre eigene Lebenssituation übertragbar und für Sie persönlich passend und hilfreich sind. Weder die Autoren noch der Verlag können für eventuelle Nachteile oder Schäden, die aus den im Buch gegebenen praktischen Hinweisen resultieren, eine Haftung übernehmen.